The Belt and Road

中国土木工程学会
中国建筑业协会　联合策划
中国施工企业管理协会

"一带一路"上的中国建造丛书
China-built Projects along the Belt and Road

The Natural Barrier
Makes the Dream Road:
Route Nationale 1
(Congo-Brazzaville)

哈小平　主编

天堑变通途　铸就梦想路
——刚果（布）国家一号公路

中国建筑工业出版社

专家委员会

丁烈云　卢春房　刘加平　杜修力　杜彦良　肖绪文　张宗亮
张喜刚　陈湘生　林　鸣　林元培　岳清瑞　聂建国　徐　建

丛书编委会

主　　任：易　军　齐　骥　曹玉书
副 主 任：尚春明　吴慧娟　尚润涛　毛志兵　咸大庆
丛书主编：毛志兵
编　　委：（按姓氏笔画排序）

　　　　　王东宇　任少强　刘　辉　刘明生　孙晓波　李　明
　　　　　李　菲　李伟仪　李明安　李秋丹　李景芳　杨汉国
　　　　　杨健康　张　奇　张　琨　张友森　张思才　陈湘球
　　　　　金德伟　宗敦峰　孟凡超　哈小平　洪开荣　高延伟
　　　　　唐桥梁　韩　磊　韩建强　景　万　程　莹　雷升祥
　　　　　蔡庆军　樊金田

丛书编委会办公室

组　　长：赵福明
副 组 长：李　慧　刘　蕾　薛晶晶　赵　琳
成　　员：王　立　安凤杰　单彩杰　刘　云　杨均英　李学梅
　　　　　韩　鞠

本书编委会

主　　编：哈小平

副 主 编：刘永福　王德亮　宋合财

主　　审：范景福

参编人员：牛德鑫　王靖靖　王　煜　祁富晨　孙远达　向　云
　　　　　李　振　李　晓　姚　前　刘　斌　刘喜伟　刘峥琳
　　　　　汪彦旗　张树东　范景福　周　凯　郜卫东　姜　涛
　　　　　祝　捷　徐林峰　徐明明　敖长江　黄　飞　曹远志
　　　　　隋立君　焦兴荣　焦振中　雷富强

主编单位：中国建筑土木建设有限公司

前 言

"一带一路"倡议提出以来,中国与沿线国家的合作硕果累累,从中国倡议变成全球共识,得到越来越多国家、国际机构和企业的认同与支持,正在进入全球行动阶段。随着共建"一带一路"向高质量发展方向不断推进,中国对外承包工程开始由规模速度型向质量效益型发展转变,在"一带一路"倡议引领下,越来越多中国工程建设企业走出国门,对外承包工程,输出中国先进的建造技术和解决方案,并将中国标准带出国门,助推中国标准走向世界。在我国众多"走出去"的工程建设企业中,中央企业作为"一带一路"沿线国家基础设施建设的主力军,为沿线国家基础设施建设提出中国方案、发扬中国智慧、贡献中国力量,奉行互利共赢的开放战略,有力推动了沿线国家的经济发展。"一带一路"倡议顺应全球化发展新趋势,正成为推动全球贸易投资转型发展的关键因素。

非洲,广袤原始的土地,复杂多变的气候,造就了这里独特的地理环境,热带草原、雨林、沙漠交相呼应,滋养着世代沿袭于此热情奔放的人民。观察非洲地图,不难发现,在非洲大陆腹地,发源于刚果(金)沙巴高原的刚果河画了一个"几"字流入大西洋。从空中俯瞰,刚果(布)首都布拉柴维尔(Brazzaville)和第二大城市黑角(Pointe-Noire)宛若两颗明珠,镶嵌在碧绿的刚果河下游和出海口,然而刚果河下游利文斯敦(Chutes de Livingstone)瀑布群阻碍了河道全线通航的可能,政治中心与经济中心两个城市的联通,陆运只能依赖20世纪30年代殖民地时期修建的大洋铁路勉强维持。大洋铁路因年久失修,时常停运。铁路运能低下,公路运能无法形成,陆运业态低下的局面长期制约刚果(布)国家经济的发展,各种因素的叠加,使得建设一条联通政治中心与经济中心的现代化公路的需求变得十分迫切。

刚果(布)是较早与中国建交的国家之一,两国建立了长期友好合作关系。2006年中非合作论坛(Forum on China-Africa Cooperation — FOCAC)北京峰会召开,峰会上中国政府与刚果(布)政府签署"一揽子经济贸易合作框架协议",中国政府提出支持非洲发展的8项政策措施。打通布拉柴维尔和黑角之间的道路作为刚果（布）经济发展的战略重点被着重提及，公路建设被确立为中刚互利合作项目。在此背景下，中国建筑集团有限公司（简称中建集团）与刚果（布）政府签订中非合作论坛第一批重大项目"刚果（布）国家1号公路"项目合约。

很多时候，人们并不了解项目人员的努力，他们的汗水和艰难常常被浓缩为一串数字，一段总结。将两座城市联通起来，需要穿越沿海平原、马永贝原始森林、尼亚黑河谷、巴塔赫高原……复杂的地质条件成为中建人需要跨越的一道道技术难关；旱季干燥、雨季湿热的马永贝原始森林时常山洪泛滥、虫蛇出没，恶劣施工环境时刻考验着中建人；如家常便饭般光顾的疟疾、伤寒、登革热、丝虫病等传染病磨炼着中建人的意志；20世纪90年代刚果（布）内战遗患——劫匪，也时常光顾建设团队，检验中建人的抗风险应急能力。

2008年5月，刚果（布）国家1号公路开工。管理团队克服技术、材料、环境、安全等重重挑战，历经八年艰苦卓绝的奋斗，使公路于2016年3月1日全线贯通。在全线贯通仪式上，刚果（布）总统德尼·萨苏-恩格索（Denis Sassou-Nguesso）再次亲临项目现场，出席通车仪式，并为参建者颁授刚果（布）国家"骑士荣誉勋章"。这些工程人员是中国建筑的杰出代表，是他们用智慧和汗水让刚果（布）几代人的期盼成为现实。刚果（布）国家1号公路必将成为刚果（布）的发展史及中刚两国的友谊之路上浓墨重彩的篇章。

本分册梳理、总结了刚果（布）国家1号公路项目建设的背景和意义及超长线性工程的项目管理组织架构、建设组织模式，为读者讲述央企人在刚果（布）的经历与挑战。将刚果（布）国家1号公路建设经验呈现给读者，为"走出去"的工程建设企业提供借鉴和参考。

诚然，本分册编写的参编人员虽然工程建设经历丰富，但编写水平有限，书中难免存在缺点和错漏，敬请广大读者批评指正。

Preface

Since the Belt and Road initiative was put forward, China's cooperation with countries along the route has yielded fruitful results. It is transforming from a Chinese initiative to a global consensus and into a global action phase. With the continuous advancement of the joint construction of the Belt and Road towards high-quality development, our country's foreign contracted projects have begun to change from scale and speed to quality and efficiency. Under the guidance of the Belt and Road initiative, more and more Chinese engineering construction enterprises go abroad to contract projects abroad, export China's advanced construction technologies and solutions, and bring Chinese standards abroad. Among the many "going out" engineering construction enterprises in China, central enterprises, as the main force in the infrastructure construction of countries along the Belt and Road, propose Chinese solutions for local infrastructure construction, carry forward Chinese wisdom, contribute Chinese strength, and pursue a mutually beneficial and win-win strategy. It has effectively promoted the economic development of the countries along the route. The Belt and Road initiative conforms to the new trend of globalization and is becoming a key factor in promoting the transformation and development of global trade and investment.

The vast and primitive land in Africa and the complex and changeable climate have created a unique geographical environment here. The savannah, tropical rainforest, and desert echo each other, nourishing the passionate people that have been passed down from generation to generation. Looking at the map of Africa, it is not difficult to find that in the hinterland of the African continent, the Congo River originating from the Sabah Plateau of the Congo (DRC) draws the Chinese word "Ji" and flows into the Atlantic Ocean. From the air, Brazzaville, the capital of Congo-Brazzaville and Pointe-Noire, the second largest city, are like two pearls, embedded in the green lower reaches and estuary of the Congo River, but the lower reaches of the Congo River, Leven The Chutes de Livingstone waterfall blocks the possibility of crossing the entire channel. The two cities, the political center and the economic center, can only be maintained by land transportation by means of the ocean-going railway built during the colonial period in the 1930s. Ocean-going railways are often out of service due to disrepair. Low railway transport capacity, inability to form road transport capacity, and low land transport formats have long restricted the development of the Congo-Brazzaville national economy. The superposition of various factors makes it urgent to build a modern expressway connecting the political center and the economic center.

Congo-Brazzaville is one of the countries that established diplomatic relations with China earlier, and the two countries have established long-term friendly and cooperative relations. In 2006, the Beijing Summit of Forum on China-Africa Cooperation (FOCAC) was held. At the summit, the Chinese government and the Congolese-Brazzaville government signed a "package economic and trade cooperation framework agreement", and the Chinese government proposed 8 policies to support African development and measure. Get through the road of between Brazzaville and Pointe-Noire is highlighted as the strategic focus of Congo-Brazzaville's economic development, and road construction has been established as a mutually beneficial cooperation project between China and Congo-Brazzaville. In this context, China State Construction Engineering Corporation and the Congolese-Brazzaville government signed the first batch of major projects of Forum on China-Africa Cooperation "Route Nationale 1 (Congo-Brazzaville)" project contract.

Many times, people do not understand the efforts of project personnel, and their sweat and hardships are often condensed into a series of numbers and a summary. Connecting the two cities requires crossing the coastal plain, the virgin forests of Mayombe, the Niari Valley, the Batah Plateau…The complex geological conditions have become the technical difficulties that CSCEC personnel need to overcome; the Mayombe virgin forest, which is dry in the dry season and humid and hot in the rainy season, is often flooded with mountains and floods, infested with insects and snakes, and the harsh construction environment is always testing CSCEC personnel; Infectious diseases such as malaria, typhoid fever, dengue fever, and filariasis have tempered the will of the Chinese people; Robber of the legacy of the Congo-Brazzaville civil war in the 1990s, also frequented the construction team to test the resistance of the Chinese people and Risk response capability.

In May 2008, the construction of Route Nationale 1 (Congo-Brazzaville) started; the management team overcame many challenges such as technology, materials, environment, and safety. After eight years of hard work, the entire line was completed on March 1, 2016. At the completion ceremony of the whole line, Congolese-Brazzaville President Denis Sassou-Nguesso once again visited the project site, attended the commencement ceremony, and awarded the Congolese-Brazzaville national "Knighthood" to the participants. These engineers are outstanding representatives of Chinese architecture. They have turned the expectations of generations of Congolese-Brazzaville people into reality with their wisdom and sweat. Route Nationale 1 (Congo-Brazzaville) will surely become an indelible chapter in the development of Congo-Brazzaville history, or the friendship between China and Congo-Brazzaville.

This volume summarizes the background and significance of the construction of the Route Nationale 1 (Congo-Brazzaville) project, as well as the project management organization structure and construction organization model of the super-long straight-line project, and tells readers the experience and challenges of the Congolese-Brazzaville central enterprises. Introduce the construction experience of "Route Nationale 1 (Congo-Brazzaville)" to readers, to provide reference and reference for "going out" engineering construction enterprises.

It is true that the editors of this volume have rich experience in engineering construction but limited writing skills, so there are inevitably deficiencies and errors, and readers are welcome to criticize and correct them.

目 录

第一篇　综述

第一章	项目简介	022
第二章	国家概况	024
第三章	项目意义	029

第二篇　项目建设

第四章	**工程概况**	**034**
第一节	工程项目建设与特许经营组织模式	034
第二节	工程参建主体与特许经营项目公司情况	036
第三节	设计概况	036
第四节	当地生产资源概况	039
第五节	周围环境及水文地质等概况	043
第六节	工程建设主要内容	045
第七节	工程项目特点、重难点	046
第五章	**施工部署**	**049**
第一节	目标管理	049
第二节	管理机构、体系	049
第三节	施工段落划分及施工顺序	051
第四节	施工便道、便桥及交通导改	052
第五节	管理风险分析及对策	053
第六节	施工准备	058
第七节	组织协调	058
第八节	施工布置	060
第六章	**主要管理措施**	**063**
第一节	工程计划管理	063
第二节	工程商务管理	064
第三节	人力资源管理	069
第四节	工程物资管理	074
第五节	工程设备管理	078
第六节	工程质量管理	081
第七节	工程安全管理	082
第八节	环境保护管理	087
第九节	社会安全管理	089
第七章	**关键技术**	**091**
第一节	桥梁关键技术	091

第二节	岩土工程关键技术	093
第三节	绿色建造技术	096
第四节	混凝土耐久性关键技术	098
第五节	测绘数据综合管理平台	100
第六节	三维虚拟地理环境系统技术	103
第七节	BIM技术应用	104
第八节	国际EPC工程项目风险管理辅助决策支持体系技术	107
第八章	**经营与维护**	**108**
第一节	特许经营签约背景	108
第二节	特许经营机制	108
第三节	特许经营风险与应对措施	110
第四节	特许经营的意义	111

第三篇　成果及经验交流

第九章	**项目成果**	**114**
第一节	管理成果	114
第二节	技术成果	116
第三节	科技成果	117
第四节	健康、安全与环境（HSE）管理成果	120
第十章	**经验交流**	**122**
第一节	合同分析及风险防范	122
第二节	法律风险与防范	123
第三节	市场环境分析及风险防范	130

第四篇　合作共赢与展望

参考文献

Contents

Part I The General Summary

Chapter 1   Project Abstracts 022
Chapter 2   Country Profiles 024
Chapter 3   The Significance of the Project 029

Part II Project Construction

Chapter 4   Project Overview 034
Section 1   The Organization of Project Construction and Franchise 034
Section 2   The Main Units Involved in the Construction of the Project 036
Section 3   Design Overview 036
Section 4   Overview of Local Production Resources 039
Section 5   General Situation of Construction Site,
            Surrounding Environment and Hydrogeology 043
Section 6   The Main Content of Engineering Construction 045
Section 7   Analysis of Engineering Features, Key Points and
            Difficulties 046

Chapter 5   Construction Management 049
Section 1   Management of Objectives 049
Section 2   Management Organization and System 049
Section 3   Construction Section Division and Construction Sequence 051
Section 4   Construction Access Road, Bridge and Traffic Diversion 052
Section 5   Management Risk Analysis and Countermeasures 053
Section 6   Construction Preparation 058
Section 7   Organization and Coordination 058
Section 8   Construction Layout 060

Chapter 6   Main Management Measures 063
Section 1   Project Plan Management 063
Section 2   Engineering Business Management 064
Section 3   Human Resource Management 069
Section 4   Project Material Management 074
Section 5   Project Equipment Management 078
Section 6   Project Quality Management 081
Section 7   Project Safety Management 082
Section 8   Environmental Conservation Management 087
Section 9   Public Security Management 089

Chapter 7	Key Technology	091
Section 1	Key Technology for Bridge	091
Section 2	Key Technologies of Geotechnical Engineering	093
Section 3	Technology for Green Construction	096
Section 4	Key Technologies for Concrete Durability	098
Section 5	Technology for Surveying and Mapping Data Integrated Management Platform	100
Section 6	Technology for 3D Virtual Geographical Environment System	103
Section 7	Application of BIM Technology	104
Section 8	International EPC Project Risk Management Assistant Decision Support System	107
Chapter 8	Operation and Maintenance	108
Section 1	The Background of Franchising Signing	108
Section 2	Franchise Mechanism	108
Section 3	The Operational Risks and Countermeasures	110
Section 4	The Meaning of Franchising	111

Part III Achievements and Exchange of Experience

Chapter 9	Achievements	114
Section 1	Management Achievements	114
Section 2	Technological Achievements	116
Section 3	Scientific and Technological Achievements	117
Section 4	Health, Safety and Environment (HSE) Management Achievements	120
Chapter 10	Exchange of Experience	122
Section 1	Contract Analysis and Risk Prevention	122
Section 2	Social Legal Risks and Prevention	123
Section 3	Environmental Analysis and Risk prevention	130

Part IV Win-win Cooperation and Prospect

References

第一篇

综　述

"一带一路"倡议自从提出以来,已经取得了丰硕的早期成果,正在从中国倡议变成全球共识,并进入全球行动阶段。刚果(布)国家1号公路是中刚建交50多年来两国之间最大、最重要的合作项目;是传承丝路精神,践行"一带一路"倡议的重要代表项目。

本篇阐述刚果(布)国家1号公路的简况、项目建设背景及项目所在国国情,阐明了项目建设的重大意义。

Since the Belt and Road initiative was put forward, it has achieved fruitful preliminary results, and it is transforming from a Chinese initiative to a global consensus and entering a stage of global action. Route Nationale 1 (Congo-Brazzaville) is the largest and most important cooperation project in the 50 years since the establishment of diplomatic relations between China and Congo-Brazzaville, inherits the spirit of the Silk Road and implements, the important representative projects of the Belt and Road.

This part briefly introduces the background of the project construction of Route Nationale 1 (Congo-Brazzaville) and the national conditions of the country where the project is located, and clarifies the great significance of the project construction.

Part I
The General Summary

第一章　项目简介
Chapter 1　Project Abstracts

　　刚果（布）国家1号公路（以下简称本公路）是2006 年中非合作论坛期间确定下来的中刚互利合作项目，位于刚果（布）南部地区，西起大西洋东岸经济中心、第二大港口城市黑角（Pointe-Noire）市，自西向东穿越沿海平原（图1-1）、马永贝（Mayombé）森林、尼阿里（Niari）河谷、巴塔赫（Batéké）高原，连接多利吉（Dolisie）、恩卡伊（Nkayi）、名都利（Mindouli）等重要城市，东至首都布拉柴维尔（Brazzaville）。本公路是连接政治中心首都布拉柴维尔和经济中心黑角市之间的唯一交通要道（图1-2）和横贯刚果（布）东西全境的经济大动脉，沿途总人口数达二百多万，占全国总人口的65%以上，对刚果（布）国家经济发展和政治稳定具有十分重要的战略意义。

　　在中刚两国政府签署的一揽子协议下，中建集团签约刚果（布）国家1号公路，承担工程设计、施工、采购等工作，对承包工程的质量、安全、工期、造价全面负责。资金来源为中国进出口银行优惠贷款，总合同额（含增量合同）28.9亿美元。

图1-1　项目线路穿越地貌示意图（资料来源：中建国际中西非公司）

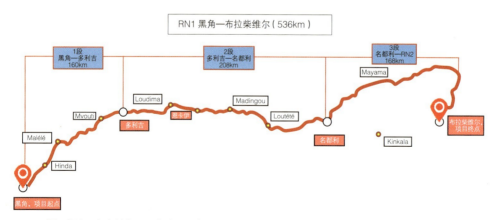

图1-2　项目线路图（资料来源：中建国际中西非公司）

图1-3　竣工仪式上萨苏总统剪彩并授予参建主要人员刚果（布）国家"骑士荣誉勋章"
（资料来源：中建国际中西非公司）

图1-4　萨苏总统亲自缴纳第一笔通行费
（资料来源：中建国际中西非公司）

项目全长536km，双向四车道。项目建设分两期实施，一期工程黑角至多利吉段全长160km，于2008年5月20日破土动工，2011年12月正式通车；二期工程多利吉至布拉柴维尔段全长376km，于2016年3月1日正式全线通车（图1-3）。

项目建设总历时8年，中建集团管理团队克服了技术、环境、安全、物资采购等各方面的困难，完成了法国企业因建设难度太大而放弃的项目，是中建集团在海外实施完成的周期最长、单体最大的线性基础设施项目。

非洲一些国家由于缺乏公路养护理念和经验，公路使用寿命常常远不及预期。2016年本公路竣工通车后面临同样的困境，为了破解"经营难、养路难"的难题，中国建筑股份有限公司向刚果（布）政府提出"特许经营"的建议，并牵头联合一家法国工程设计咨询监理公司和刚果（布）政府成立刚果（布）国家1号公路特许经营项目公司（简称LCR）。2019年3月，LCR正式启动经营（图1-4），通过采用国际化经营方式，在最大程度保障道路通行安全的同时，实现公路资产保值增值和可持续发展。

第二章 国家概况
Chapter 2　Country Profiles

一、自然环境特征

刚果共和国（英语：Republic of the Congo；法语：République du Congo），简称刚果（布），位于非洲中西部，赤道横贯中部，东、南两面邻刚果（金）、安哥拉，北与中非、喀麦隆相邻，西连加蓬，西南临大西洋。首都为布拉柴维尔，海岸线长150多公里，国土总面积为34.2万km^2。

刚果共和国东北部为海拔300m的平原，是刚果盆地的一部分；南部和西北部是高原，高度在500~1000m；西南部是沿海低地；高原同沿海低地之间为马永贝（Mayombe）山地。

刚果（布）南部属热带草原气候，中部、北部为热带雨林气候，气温高，湿度大。年平均气温在24~28℃。总体上属于赤道型热带气候，全年气候炎热、湿润，分大小旱雨季。季节变化温差不大，但降水量因地而异，差别很大。全年降水量为1000~1600mm，北部地区可达2000mm以上。

刚果（布）是一个水利资源十分丰富的国家，年水资源总量达到1.58万亿m^3。境内有100多条河流，最长的河流刚果河（The Congo River），长度约4700km，为非洲第二长河，流经安哥拉、赞比亚、中非、喀麦隆、刚果（金）、刚果（布）等国家，在刚果（布）境内长达1000多公里，流域面积和流量仅次于南美洲的亚马孙河，是世界第二大河。刚果河的众多支流及其分支在刚果（布）境内形成密布的水网体系。

刚果（布）拥有丰富的林业资源，全国森林面积达2400万hm^2，约占全国面积的70%，约占非洲大陆森林的10%，其中1500万hm^2的森林可供商业性开发，年开采量100万m^3。刚果（布）以其生物多样性和保护区网络密集闻名，保护区面积约占刚果（布）国土面积的13%。

二、社会文化环境

（一）人口、语言、民族与宗教

据世界银行统计，2020年刚果（布）人口约552万人，平均每平方公里约15人。三分之二人口集中在城市，仅布拉柴维尔和黑角两市人口就占全国总人口的50%以上。妇女占人口总数的50.05%，15岁以下儿童占41.54%，65岁以上老年人占2.72%，育龄妇女占20%。

官方语言为法语。民族语言南方为刚果语、莫努库图巴语，北方为林加拉语。

全国有56个民族，属班图语系。最大的民族是南方的刚果族，包括拉利族、巴刚果族、维利族等，约占总人口的45%；北方的姆博希族约占16%；中部太凯族等约占20%；北方原始森林里还生活着少数俾格米人。

全国居民中一半以上信奉原始宗教，26%信奉天主教，10%信奉基督教，3%信奉伊斯兰教。

（二）习俗与节假日

刚果（布）是一个被法国文化全面影响的国家，许多社交习俗依法国方式，如问好、握手、贴面礼等，男士出门大多穿西服系领带；但仍保留了一些传统习俗，主要表现在居住、饮食、婚葬礼等方面。刚果（布）商人在出席商务或社交活动等正式场合时，特别注重礼仪和着装，也非常注重商业伙伴的着装和举止。

刚果（布）每年10天公休假，公职部门周一至周六每天工作8小时，周日休息。

（三）科教与医疗

刚果（布）历史上长期受殖民统治，科学技术能力和水平较落后，主要生产和出口原材料等初级产品。20世纪70年代，刚果（布）政府开始重视科技工作，科研机构主要设置在恩古瓦比大学和地矿、森林、水利生产部门。直至今日，刚果（布）的科技发展受制于经济水平，科技水平不高。

刚果（布）是非洲教育普及率较高的国家，成人扫盲率为79.3%，初、中、高等教育入学率为73%。

刚果（布）的医疗机构包括公立医院和私人诊所。全国有综合医院6所，即布拉柴维尔总医院、黑角吉吉医院、多利吉医院、中国援建的奥旺多"七·三一"医院、黑角卢旺基里医院和布拉柴维尔中刚友好医院。恩古瓦比大学医学院是刚果（布）唯一的高等医科院校。

三、社会治安

自2000年内战结束以来，政府推进民族和解进程，基本保持了和平稳定的社会环境。刚果（布）人民善良，爱和平，不崇尚武力。曾经在20世纪80年代达到过全民享受初级教育的程度，因此文明程度在非洲相对较高。但南部有反政府武装，对在其控制的连接布拉柴维尔和主要港口城市黑角之间的交通、运输乃至基础设施建设产生较严重的负面影响。

随着经济持续下行，工人罢工、学生罢课、静坐示威时有发生，偷盗、抢劫等犯罪活动日益多发，但尚未造成较大范围的影响。当地普通居民不具备持枪资格。

四、政治环境

刚果（布）推行和平、统一、民族和解政策，奉行和平、中立和不结盟的外交政策，主张在平等互利、互不侵犯、互不干涉内政的基础上同一切奉行和平、自由、公正、团结的国家发展友好合作关系，反对霸权主义和强权政治。立足非洲，重点发展与周边国家关系，奉行睦邻友好政策，积极推动中部非洲政治、经济一体化进程。近年来，在优先发展同法国关系的同时，积极发展同美国、欧盟以及亚洲国家的关系，力求实现外交与合作多元化。

五、国民经济

刚果（布）经济的两大支柱是石油和木材。20世纪80年代初因大规模开采石油，经济迅速发展。后因国际石油价格下降及内战等因素的影响，经济连年滑坡。1999年下半年起，国际石油价格大幅上升，国家石油收入增加，经济形势逐步好转。政府重点恢复和发展能源、水利、交通、通信和教育等领域，加大对外开放力度，改善投资环境，着力整顿经济秩序，惩治腐败，增加石油产销透明度，国家财政收入明显改善，经济持续保持恢复性增长。

六、工程建设管理体系

刚果（布）没有明确的法律规定什么样的企业能参加什么样的项目招标，一般需要企业有已经完成过的工程样板介绍和有关行业协会的推荐，特别是国际专业协会的推荐。如果是外国政府融资项目，则需要该国有关部门或行业协会的专门推荐。已经成功参加过刚果（布）政府项目，且圆满完成施工任务的企业，被列入具有良好信誉的企业名录，在以后的招投标程序中会得到加分。刚果（布）承揽工程承包项目的主体多为企业法人，对外国自然人能否承揽工程无明确限制，无法律明确禁止外国公司参加投标的领域。

刚果（布）领土整治和大型工程委员会（以下简称大工委）是负责大型工程承包项

目招投标的主要部门，直属总统府领导。超过5亿中非法郎的项目，统一由大工委负责招投标。低于5亿中非法郎的工程项目，由其他政府部门按照分工进行招投标。工程承包招投标方式有三种：

有限招标：不公开发布招标信息，仅对有限的企业发出投标邀请，最少可以只向两个企业发出这种有限招标邀请。

公开竞标：由参与竞标的企业在公平的原则指导下公开进行竞标，最后由出价最接近标底的企业中标。

议标：议标项目主要针对时间紧迫、事关国家机密或战略工程的项目，由于不宜公开招标，由大工委在充分征询多个竞争企业的情况下，根据有关原则与有关企业进行议标。也有一些经过公开招标失败后的工程项目通过议标方式进行。

七、基础设施状况

（一）交通运输

刚果（布）公路网由一级路、次级路和一些晴天通行雨天受阻的不列等级的道路组成，现有公路总长2万km，其中沥青路3000km。主要有两条干线：国道1号公路从布拉柴维尔向西至黑角，与大洋铁路平行，长570km；国道2号公路从布拉柴维尔向北经奥旺多至韦索市，长856km，除最北的利库阿拉省外，其他省会城市均与首都布拉柴维尔通柏油路。

大洋铁路是全国仅有的一条铁路，也是非洲最早的铁路之一，1934年由法国殖民者修建，总长886km，其中主干线长512km，连接首都布拉柴维尔和港口城市黑角，系刚果（布）东西交通命脉。设计年货运量300万t，因年久失修，目前年货运量仅70万t，客运量80万人次。

内河水运航线总长约5000km。黑角港是非洲西海岸三大海港之一，最深水位达16m，可停泊长230m吃水34ft的巨轮。年吞吐量为1950万t左右，拥有2个集装箱码头和2个大型木材装卸码头。运量占全国总航运量的90%。

截至2019年，刚果（布）共拥有10个二级以上机场，其中布拉柴维尔、黑角、奥隆博和韦索有国际机场。首都玛雅-玛雅机场跑道具备起降空客A380的能力。刚果（布）主要国际航线有布拉柴维尔—巴黎、布拉柴维尔—亚的斯亚贝巴、布拉柴维尔—卡萨布兰卡、布拉柴维尔—内罗毕等。

（二）电力

刚果（布）拥有140万kW水电装机潜力，目前年发电能力仅为30万kWh，而黑角市需求量就达60万kWh，电力供应不足。利韦索水电站以及刚果（布）政府正在同喀麦隆共同建造肖莱水电站，进展顺利，其他水电站正在筹备中，中长期来看，电力供应面临巨大挑战。

（三）通信网络

刚果（布）共有4家移动通信经营商，分别是ZAIN、MTN、WARID和BINTE。近年来，许多用户放弃使用固定电话，移动电话用户发展迅速。

（四）供水

刚果（布）虽然致力于为国民提供清洁饮用水，但因为基础设施落后，历史欠账多，现在还无法达成目标。尤其是广大的农村地区，村民普遍通过压把井饮用浅层地表水。

（五）公路建设概况

刚果（布）公路目前有一横一纵两条主干线：1号公路从布拉柴维尔向西至黑角；2号公路从布拉柴维尔向北经奥旺多至韦索，两条公路均由中国企业承建，已实现通车。2018年12月，中国建筑股份有限公司与刚果（布）政府签署国家1号公路特许经营合作协议，国家1号公路特许经营项目公司（LCR）运营年限为30年，已于2019年3月正式启动。

刚果（布）互联互通公路项目主要包括：加蓬杜萨拉—刚果（布）多利吉公路项目，刚果（布）韦索—喀麦隆桑梅利马公路二期项目，刚果（布）韦索—中非共和国班吉—乍得恩贾梅纳公路项目以及连接金沙萨和布拉柴维尔的铁路公路两用桥项目。刚果（布）韦索—喀麦隆桑梅利马公路项目（刚方称凯塔公路）于2020年3月竣工通车，在今后一段时期，维护目前交通主干线和修缮至各省会交通道路将是公路方面发展方向。刚果（布）无高速公路。

第三章 项目意义
Chapter 3　The Significance of the Project

一、项目背景

刚果（布）工业基础落后，几乎所有生活用品和工业品都通过黑角港入关进口，然后从黑角转运至各地。

建设于20世纪二三十年代的大洋铁路曾是连接黑角港至首都布拉柴维尔的陆路运输主力，因年久失修，沿线桥梁、隧道多有破损，造成火车时常停运，无法形成正常运能，逐渐退出历史舞台。始建于1980年的老1号公路缺乏维护叠加战争破坏因素，损毁非常严重，旱季勉强通行，雨季基本无法通行（图3-1）。

铁路运能低下，公路运能无法形成，致使首都至黑角港的客运、货运依赖空中走廊。陆路运能的不足，严重影响首都布拉柴维尔的物资供应甚至国民经济，制约国家经济发展，致使该国北方2/3的木材出口需绕道喀麦隆杜阿拉港，经济损失高昂。大到一个国家、小到一个村庄，其富裕和繁荣都离不开便捷的交通。经济要发展，交通须先行，修建一条公路通道，打通首都至港口的出海通道谋发展，成为刚果（布）人民的期盼和梦想。

国家1号公路项目的建设首先可以恢复黑角—布拉柴维尔之间的陆路运输，保证黑角—布拉柴维尔之间的基本物资运输和人员往来；其次可以保障其他基础设施的建设，是改善其他运输方式的先决条件，如大洋铁路的修复，航道疏通，沿途其他公路

图3-1　项目建设期陆路通行条件（资料来源：中建国际中西非公司）

图3-2 项目签约现场（资料来源：中建国际中西非公司）

项目、能源、水利等基础设施建设都需要最基本的生活物资供应通道。

国家1号公路的建设有利于推进国家快速公路网形成。与国家1号公路连接的国道公路有：项目起点黑角连接四号国道往南通往安哥拉（Angola）；起点连接五号国道向北通往马丁古；在马累累连接六号国道；在多利吉与三号国道相连通往米拉-米拉（Mila-Mila）；其间与多条省际公路相连。

2006年，中非合作论坛（Forum on China-Africa Cooperation — FOCAC）北京峰会期间，中国与刚果（布）签署"一揽子经济贸易合作框架协议"，中国政府宣布了对非务实合作8项政策措施，表明了中方深化中非合作、促进共同发展的真诚愿望，打通布拉柴维尔和黑角之间的道路作为刚果（布）经济发展的战略重点被着重提及，公路建设被确立为中刚互利合作项目。在此背景下，中国建筑股份有限公司与刚果（布）政府签约一揽子合作项目——国家1号公路项目一期工程（图3-2）。

二、项目意义

过程多艰辛，泥泞变坦途；天堑变通途，铸就梦想路。物流是经济的血脉，是畅通国民经济循环的重要环节。项目沿线总人口数达二百多万，占刚果（布）总人口的65%以上，对该国国家经济发展和政治稳定具有十分重要的战略意义。

国家1号公路的通车，打通了首都与港口城市黑角的经济大动脉，改变了多年来该国陆路运能低下业态，极大提升了该国陆路运输水平，缩短了政治中心和经济中心两城

图3-3 刚果(布)1号公路上通行的当地车辆(资料来源:中建国际中西非公司)

间的车程(从原来的一周缩至修建后的6小时)。随着车流量迅速增加(从过去每天往来100多辆增加到新路修通后每天达4000辆),沿线村镇经济形态发生显著变化(图3-3),沿线居民开始在道路沿线摆摊增加收入;黑角港附近的荒地,三年内发展为2公里的市场;北方的矿石通过港口运往世界各地,极大地促进了沿线区域经济和社会发展;国家经济被彻底盘活,该国90%以上的重要物资、矿产、森林资源的进出口均需借助1号公路运输到黑角港,通过港口运往世界各地,国家GDP从1号公路修建前的168亿增长到后来的290亿,为该国带来巨大的经济和社会效益;加强了该国与周边国家的互联互通,被誉为刚果(布)人民的"希望之路、繁荣之路、致富之路"。

凝结中刚两国建设者心血的刚果(布)国家1号公路成为中刚"一带一路"合作共赢典范,促进了中刚友谊。刚果(布)国家1号公路的建设与特许经营,注定成为刚果(布)发展史上浓墨重彩的篇章,如今,项目沿线城市乡村面貌焕然一新,已然成为非洲腹地的一道美丽风景线。

本项目从项目建设到特许经营,对于刚方解决公路经营难、养护难的问题具有创造性的借鉴意义,极大地带动了当地就业,为公路沿线居民提供了大量商机,提高了居民收入水平。特许经营项目公司通过先进的经营、维保举措,为刚果(布)人民提供了一条舒适安全的公路,使得这条经济大动脉能持续为促进当地经济振兴和国家经济增长服务。

第二篇
项目建设

刚果（布）国家1号公路是中建集团以融投资带动工程总承包模式在海外开展的成功的大型建设施工项目，对中建集团实施F+EPC模式进行海外项目开发积累了良好的经验。本篇基于F+EPC模式的超长线性工程的施工部署、管理措施及项目实施过程中关键技术进行了总结阐述。对项目从工程建设到特许经营的转变进行了背景分析，并分析了特许经营风险，阐述了特许经营风险应对措施。

Congo (Brazzaville) National Road Line 1 is a large-scale construction project successfully implemented by CSCEC in overseas projects with a general contracting model driven by financing and investment. He has accumulated good experience in the development and implementation of the F+EPC model of China Construction Overseas Projects. This part summarizes the construction deployment, management measures and key technologies during the implementation of the ultra-long straight line engineering project based on the F+EPC model. Analyze the background of the project's transition from engineering construction to franchising, analyze franchising risks, and expound the countermeasures for franchising risks.

032-111

Part II
Project Construction

第四章 工程概况
Chapter 4　Project Overview

第一节　工程项目建设与特许经营组织模式

非洲地区国家多数国家财政收入较为紧张，且普遍缺乏公路养护理念，通常会导致公路的使用寿命远不及预期，影响工程的验收与移交。项目从建设到交工历经了F+EPC建设组织模式向特许经营TOT模式的转变历程。

一、项目建设组织模式（F+EPC）

工程总承包（Engineering Procurement Construction，EPC)模式（图4-1），又称设计、采购、施工一体化模式。EPC模式是指在项目决策阶段以后，从设计开始，经招标后，委托一家承包商对设计、采购、建造进行总承包。在这种模式下，按照承包合同规定的总价或可调总价方式，由承包商负责对工程项目的进度、费用、质量、安全进行管理和控制，并按合同约定完成工程。根据《国际工程承包实施指南》的定义：EPC模式是一种由承包商承担包括设计、采购、施工、安装和调试，直至竣工验收与移交的新兴建设合同履行方式。FIDIC银皮书表明该合同模式主要适用于一些规模大、复杂程度高、专业性强、管理复杂的工业和大型基础设施建设项目。而融资（F）+工

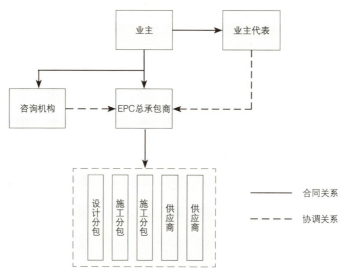

图4-1　EPC模式（资料来源：中建国际中西非公司）

程总承包（EPC）模式是在EPC模式基础上增加了融资内容。该模式除了包含工程总承包的内容外，还担负着另外一个核心的内容，即接受业主委托，筹集项目开发所需资金，资金来源通常为商业或政策性优惠银行贷款。

刚果（布）国家财政收入和支出用于公共投资领域的资金十分有限，难以支撑起大型基础设施建设的资金需求。在中国对非务实合作8项政策措施背景下，项目建设组织选择F+EPC进行融资建设组织，由中国建筑股份有限公司总承包，对业主负责，组建项目管理团队，全面负责项目管理。本项目属于集融资+设计、采购及施工为一体的特大型线形基础设施项目。

二、特许经营组织模式（TOT）

TOT是英文Transfer-Operate-Transfer的缩写，即移交—经营—移交。TOT模式是国际上较为流行的一种项目融资方式，通常是指政府部门或国有企业将建设好的项目一定期限的产权或经营权，有偿转让给投资人，由其进行经营管理；投资人在约定的期限内通过经营收回全部投资并得到合理的回报，双方合约期满之后，投资人再将该项目交还政府部门或原企业的一种融资方式。

如前所述，工程竣工后，项目可能面临不能接收的困境，为了打破僵局，同时借机吸收国际先进经验、部署产业拓展、推动海外业务转型升级，中国建筑股份有限公司向刚方政府提出了"特许经营"的建议，并与国际知名公路经营公司——法国爱集思工程设计咨询监理公司（简称法国EGIS公司）组成联合体，响应1号公路特许经营项目招标。

彼时正逢中法两国政府发表《中法政府关于第三方市场合作的联合声明》，文件首次提出了"第三方市场合作"概念。在该声明的指导下，中国建筑股份有限公司、法国EGIS公司和刚果（布）政府联合组建刚果（布）国家1号公路特许经营项目公司（LCR），开展收费经营、公路养护和大修工程等主营业务，将困境悄然转变为机遇。

LCR核心业务采用专业分包模式，即经营业务由法国EGIS公司实施，发挥其在当地雇员管理及政府谈判调价等方面的优势；日常养护及大修由中国建筑股份有限公司实施，发挥中方在施工建设领域的优势。通过优势互补，将中方的制造能力同法方的经营经验、管理理念结合起来，为刚方提供高水平、高性价比、更具竞争力的产品和服务，从而实现"三方共赢"。

第二节　工程参建主体与特许经营项目公司情况

工程参建主体与特许经营项目公司情况见表4-1。

工程参建主体与特许经营项目公司情况表　　　表4-1

业主	刚果共和国
业主代表	刚果（布）大型工程委员会
监理单位	法国 EGIS 公司
工程总承包	中国建筑股份有限公司
勘察单位	中交第二公路勘察设计研究院有限公司 中铁第四勘察设计院集团有限公司
设计单位	中交第二公路勘察设计研究院有限公司
质量监督	刚果（布）大型工程委员会、中国建筑股份有限公司联合监督
参建单位	中国建筑第八工程局有限公司 中国建筑土木建设有限公司 中建五局土木工程有限公司 湖南路桥建设集团有限责任公司 中国水利水电第十四工程局有限公司
特许经营	刚果（布）国家 1 号公路特许经营项目公司（LCR）

资料来源：中建国际中西非公司

第三节　设计概况

一、执行的技术标准

在设计与施工实践中，通过中建人的不懈努力最终确立了"以中国规范为基础，部分参照法国规范"的技术标准体系。

基于刚果（布）受法国殖民统治达一个多世纪的历史背景，合同约定的技术标准、设计及施工流程几乎遵循法国模式，执行法国技术规范标准体系。项目参与方来自不同国家，文化背景不同。业主、监理（法国监理）习惯于法国规范体系；工程总承包商、勘察、设计及分包方均为中资企业，设计与施工是基于中国规范体系下思维习惯。参建各方在各自文化背景下，两种不同规范体系下的思维习惯必然产生设计和施工过程中的许多碰撞和摩擦。项目管理团队通过熟悉欧洲规范体系和法国标准，在不断磨合的过程中，逐步与业主、监理达成共识，以卓越的设计和施工赢得了法国监理和业主的高度认可，将中国规范体系逐步纳入项目规范依据，最终确立了"以中国规范为基础，部分参照法国规范"的技术标准体系，促进了中国设备、材料出口和中国技术规范的当地应用，助推中国规范走出国门。

二、技术指标

路线设计：根据《公路设计指南》（法国），城际间主要道路有3种类型：L形路，根据主要连接道路（Link）命名，属高速公路性质；T形路，其功能以中长途全程交通为主，是单一车行道公路；R形路，是乡村主要道路网的主要部分，具有多种功能。从功能需求出发，结合业主对该项目建设标准的指导性要求，该项目将被定义为T形路，功能定位：T100。

设计参数：双向四车道，设计时速80km/h；穿越马永贝原始森林的山区路段为双向两车道，设计时速40~60km/h。主要设计参数见表4-2。

主要设计参数　　　　　　　　　　　　　　表4-2

项目	主要设计参数
设计车速	多利吉—名都利采用 80km/h；名都利—布拉柴维尔采用 60 ~ 80km/h
路基宽度	城市路段 17m，标准路段 16m，特殊路段 12m
构筑物水文计算标准	特大桥 100 年一遇，中小桥 50 年一遇，涵洞 25 年一遇
平纵曲线	最大纵坡 9%，一般最小平曲线半径 120m

资料来源：中建国际中西非公司

三、主要分部分项设计

（一）路面结构设计

设计路面结构为T3S2等级：设计交通量为3000辆/日。在黑角—多利吉段实现通车后，交通量激增至4000余辆/日，超出了原设计标准，经过与业主方协商，将全线路面结构由T3S2等级升级为T4S3等级。路面结构设计为：5cm沥青混凝土面层+20cm级配碎石基层+25cm含砂砾红土底基层。

（二）排水设计

路基排水系统主要由边沟、排水沟、山坡截水沟、急流槽及跌水等组成，将路面及坡面汇水引入涵洞等构造物或自然河沟，将水排出路基外。

一般路基填挖较小的路段（填挖高度小于3m），采用三角形边沟；城镇路段及路基挖方边坡高度大于3m的路段，采用矩形边沟；平原地貌，地形十分平坦，地表排水十分困难的路段，排水边沟的设置与蒸发池相结合；对于地下水丰富，易造成地表积水难以排除的地段，为确保路床土基处于干燥、中湿状态，保证路基稳定，在边沟下方设置渗沟或盲沟排除地下水。

（三）桥涵设计

由于当地工业落后且运输不畅，项目所需钢筋、大型机械均从国内海运，桥型结构设计采用标准化、装配化的形式，以方便施工、缩短工期、降低工程造价。

（四）边坡防护设计

由于地形限制，边坡防护工程量大，经过地区的岩性有砂岩、灰岩、砂砾岩、风化页岩、泥岩等。边坡设计应用生态防护基于以下原则：

边坡高度小于10m的路堑边坡，边坡放缓到1∶1以上，坡顶坡脚倒圆弧，在边坡上植草皮或喷草籽防护。

对稳定的土夹石边坡，坡顶坡脚尽量倒圆弧，当坡面有造型美观且坚硬的孤石时，将岩石保留下来，不强行在岩石表面绿化，保持其天然形状，并对周边土质或强风化岩质植草绿化，使坡面和谐。

边坡高度较大（大于20m），且岩性完整、较硬的路堑边坡，为减少开挖占地、最大限度地保护原有植物，边坡尽可能放陡（放陡到1∶0.5~1∶0.3），在坡面开挖的过程中严格控制爆破作业，减少对岩石层理的破坏，坡面岩石不强行绿化，为保证行车安全，防止掉块，对有局部破碎的岩块采用主动网防护，边坡留出3~4m的平台，种植当地的攀缘植物。

锚固框架梁边坡主要对框架梁进行结构优化，改变国内硬板的做法，坡面其余部分绿化修复（图4-2）。

对于高度较小（一般低于15m）且需封闭处理的强风化岩类，借鉴国外经验，坡脚

图4-2 锚固框架梁边坡防护（资料来源：中建国际中西非公司）

采用装配式花台护面墙，形成可绿化的平台，护面墙以上则挂网植草防护，挂网植草尽可能采用本地生命力强的草皮，且带泥土尽可能多，以保证草皮的成活率；迎坡面是路堑边坡坡顶与背景山体过渡的区域，对行车视线干扰较大，以自然式为主，采用与边坡绿化和背景植被相匹配的当地土生乔灌木绿化，形成边坡与背景山体景观自然衔接，并有效遮蔽山坡截水沟等不良景观。

第四节 当地生产资源概况

一、人力资源状况

刚果（布）普通劳工供大于求，但缺乏有技能和经验的劳工。现有劳动力经过专业培训的较少，具备技能和经验的劳工大多为老年人。需求方面：近年来刚果（布）政府希望通过建设经济特区和改善基础设施来实现经济多元化战略，在管理和技术人员方面缺口较大。人力资源需求大增，更加大了招工的难度。

普通劳工技能水平低下：刚果（布）是非洲教育普及率较高的国家，成人扫盲率为79.3%，初、中、高等教育入学率为73%。但是各种职业培训机构较少，职业技能普及率不高。当地大型工程较少，当地人很难有机会参与工程建设。在项目建设期，很难在当地招到具有施工经验的技术工人，基本靠中国带班工人对属地劳动力进行培训，属地劳动力技能水平基本是从零开始，叠加语言交流障碍，对施工工效影响十分明显。

工作效率较低：当地长年气候炎热，自然馈赠的热带水果、作物丰富，致使当地人生活安逸，缺乏奋斗精神。项目建设期，属地劳工工作期间旷工、迟到、早退、不辞而别等现象较为普遍，成为项目劳动力管理的一大难题。

交流障碍：刚果（布）的官方语言为法语，通用民族语言南方为莫努库图巴语，北方为林加拉语。由于当地人受教育程度低，大多数人只讲当地方言，在沟通和交流中存在很大障碍。

安全意识差：属地雇员工作期间私自饮酒，违反操作规程、违章作业等事件时有发生，安全意识淡薄，安全事故频发。

二、施工机具状况

刚果（布）工业基础薄弱，机械设备行业发展比较落后，大部分的施工机具都依赖进口；同样，相对应的设备配件也难以满足需求，经常会出现个别配件损坏导致设备无法正常工作而耽误工期的情况。

三、进口材料种类及来源

刚果（布）是个严重依赖进口的国家，小到衣食住行的各种生活物资，大到工程建设所需各种机械设备均需进口。项目建设所用建筑材料除砂石等地材外，大宗材料的主要来源均为进口，进口来源主要为中国或第三国。项目大宗材料来源情况如下：

1. 水泥

项目建设期，刚果（布）只有一家中刚合资水泥生产企业，位于布昂扎省的鲁特特（Loutete），距离首都布拉柴维尔约200km。设计年产能25万t，但因电力和运输条件制约，实际生产水平只达到设计产能的40%，远不能满足市场需求。项目所需水泥，一是从中国进口（黑角有两家比较大的中资公司从中国进口水泥）；二是从周边国家进口。

2. 钢材

刚果（布）国内没有钢材生产厂家，项目所需1.7万t钢材主要从中国进口，按施工生产计划，分批次方式通过海运方式组织进场。

3. 沥青

刚果（布）国内没有沥青生产厂家，需依赖进口。项目沥青采购来源于南非及中东。

4. 煤油、柴油

刚果（布）的炼油能力较低，唯一的炼油厂只能满足全国石油产品需求的30%，日炼油能力为800t。除位于黑角的刚果炼油厂每年消耗50万~100万t原油外，其余全部供出口。刚果（布）石油生产和销售大都被法、意、美等外国公司垄断：法国道达尔石油公司（TOTAL），产量约占刚果（布）石油总产量的60%；意大利埃尼石油公司（ENI-CONGO），产量约占刚果（布）石油总产量的30%；美国的雪佛龙公司（CHEVRON），约占4%。刚果（布）本国炼油厂炼油能力较低下，仅有黑角一个炼油厂，年炼油能力维持在50万t/年。

煤油、柴油是项目所用大宗消耗物资，一旦供应不足，直接影响施工生产。根据刚果（布）市场炼油产能和项目所需煤油、柴油用量，总包项目部采用属地集中采购方式。通过招标，确定道达尔（TOTAL）和彪马（PUMA）两家供应商。为消除可能发生的断供风险，项目管理团队与当地部委的协调，为1号公路提供了专项进口，为项目生产保驾护航。

5. 炸药

刚果（布）国内没有炸药生产厂家，国家规定：炸药、雷管等火工材料，必须从黑角港进口入关，一般依赖从法国或者喀麦隆进口。

6. 大宗生活物资

大宗生活物资（例如面粉、米、油等）从中国进口，按计划采用海运方式分批进场。

四、物流环境、运输及清关

1. 物流环境及运输

黑角港是非洲西海岸非常繁忙的一个港口。刚果（布）90%以上的进出口货物均通过黑角港转运，黑角港是良好天然深水港，从全球发往刚果（布）的各种物资均能顺利到达。国内海运出口物资、设备到黑角港，可从广州、深圳、上海、宁波等港口起运；提供海运的船运公司有CMA、COSCO、MSK、PIL、SAFMARINE等。因黑角港港口卸载能力有限，加上海关部门办事效率不高，清关时间较长，存在货物滞港现象，而刚果（布）港口滞港费很高，一定程度上增加了物资、设备采购成本。

项目建设期，工程所需进口物资及机械设备在黑角港清关后，陆路主要通过公路运输至项目各营地及施工点。陆路运输通过专业运输公司和自备车队两种方式实现。专业运输公司包括当地运输企业、第三国运输企业及中资运输公司，大部分运输公司总部设在黑角。当地及第三国运输公司规模都比较大，车辆总数大都在100台以上，车型以欧美大型平板车为主；中资运输公司规模不大，以国产平板车型为主。运输市场总体上供大于求，货车保有量没有详细统计数据，但从业务上看，特别是中资车队，竞争还是非常激烈的。运输价格基本上是按车计价，按运距长短来计算运价。布拉柴维尔、黑角市均有国际机场，对于因计划不周造成的项目紧急物资需求，通过空运物流至首都国际机场或黑角国际机场，然后再通过公路运输至项目各营地。

2. 清关状况

刚果（布）国家规定，炸药、雷管等火工材料，必须从黑角港进口，在黑角港完成入境清关，经陆路运输到项目所在地。黑角港因经营效率及设施落后等因素，总体效率偏低，卸船到出港周期在一周左右，集装箱和散货卸船及吊装费用远超出周边国家。

根据刚果（布）编号 N° 151/CCC/DG号通告（签发于2004-04-15），所有运往黑角或在其港口中转的货物都必须在发货港官方代理处申请ECTN证书，如果没有申请此ECTN证书，将视为触犯条例，导致无法正常清关，并接受罚款。刚果（布）进出口法规定，对所有各类物品的进口实行进口许可证和进口申报单制度，进口申报单在黑角市就可以办理，办理时间一般需要3天。

刚果（布）清关业务基本流程是：受理业务→办理各种许可→办理报关→各种缴费→港口作业→结关。黑角市办理清关业务的公司较多，应选择较大规模的清关公司负责清关，他们熟悉当地政策与法律环境，与港内相关方沟通顺畅，办事相对严谨，收费合理，但总体效率不高，不懂变通。中资企业基本上都选择有中资背景的清关公司来办理清关业务，从而也培育了中资背景的清关业务市场。

一般在货物到达前一周，应将所有的清关资料递交给清关公司。资料清单包括：发票（原件）、装箱单、原产地证明、提单、进口申报单、泰纳（Catecna）商检报告及电子跟踪单。因提单是货物发运后才做出并邮寄给承包商（买主），为避免清关不及时造成滞港费用，可要求供货商将提单做电放，保证拿到其他四份原件后通过邮件的方式拿到电放提单资料便可及时完成清关手续，可避免产生滞港费用，为现场施工生产所需物资提供时间保证。

五、项目所在地供水供电情况

1. 施工用水

刚果（布）供水设施落后，农村生活用水基本靠井水和地表水。施工生产用水、消防用水通过打井取用地下水，生产用水通过地表河流或湖泊取水解决。

2. 生产及生活用电

受20世纪90年代战争和政局动荡影响，刚果（布）电力工业受到严重破坏，电力供应匮乏。为加速电力工业发展，缓解电力供应紧张局面，刚果（布）政府修建了一批水电站、石油天然气发电厂，电力供应得到极大改善，但主要城市依然存在供电困难现象。项目施工期，项目所在地无输变电条件，项目生产及生活用电以自发电为主。

第五节 周围环境及水文地质等概况

一、项目所在地地形地貌

项目从黑角港一路向东穿越沿海平原、原始森林、河谷及高原地貌到达首都布拉柴维尔，地形地貌复杂。

多利吉—恩卡伊（Dolisie-Nkayi）段：总体处于尼阿里河谷，属丘陵–平原地形，区内西高东低，地势起伏不大。受地质构造、地层岩性影响，全线可分为丘陵地貌和平原地貌两个地貌单元。丘陵地貌起止里程桩号PK0+000~PK35+000，为构造侵蚀剥蚀丘陵地貌，该段西邻马永贝森林，东俯尼阿里河谷，属低山向河谷平原的过渡带，海拔高程大部分路段为210~350m，局部达385m，相对高差20~180m。平原地貌起止里程桩号PK35+000~PK80+000，为河谷冲积平原地貌。线路区北侧紧邻尼阿里河，卢迪马河由南向北贯穿线路区后汇入尼阿里河，在线路区PK46+300附近形成宽约4km的凹形谷地。线路区大部分路段海拔高程在170m左右，地势平缓、宽阔。受邻近山区地表水汇入及地形条件的影响，线路区还存在U形河谷及沼泽洼地，但数量少，分布面积有限。

恩卡伊—娄提提（Nkayi-Loutété）段：处于尼阿里河谷，属冲积平原地貌。区内地势比较平缓、开阔，海拔高程多在180~210m，相对高差30m。局部路段零星分布有小型山体，微地貌属丘陵地貌。受地表河水的影响，线路区存在U形河谷及沼泽，其数量少，分布范围有限。

娄提提—名都利（Loutété-Mindouli）段：该段落包括平原地貌和低山丘陵地貌

两个地貌单元。PK154+000~PK156+000段处于尼阿里河谷，属冲积平原地貌。区内地势平缓、开阔，海拔高程200~230m，相对高差30m。PK156+000~PK164+000段属低山丘陵地貌。区内地表高程200~300m，相对高差30~50m，地形起伏较大，周围多低山。局部PK159+000~PK160+000段受河流影响，地势低洼平缓。PK164+000~PK189+000段属山间洪积平原地貌。区内地表高程260~300m，相对高差10~20m，地势平缓开阔。局部受河流影响地势低洼平缓。PK189+000~PK208+500段属低山丘陵地貌。区内地表高程300~400m，相对高差30~50m，地势起伏较大。沿线多低山，河流发育。

名都利—玛雅玛（Mindouli-Mayama）段：为丘陵地貌。PK0+000~PK43+040、PK58+890~PK81+450为构造剥蚀侵蚀丘陵地貌，地表为泥质粉砂岩、粉砂岩、泥灰岩残坡积层，地形起伏较大，植被茂盛，沟谷多为乔木，标高280~480m，相对高差50~150m。PK43+040~PK58+890、PK81+450~PK85+400为侵蚀丘陵地貌，地表为红砂层，地形起伏较大，植被较茂盛，多为灌木，标高480~680m，相对高差50~100m。

玛雅玛—叶（Mayama-Yie）段：跨越丘陵和构造平原两种地貌单元。PK85+400~PK103+440为侵蚀丘陵地貌，地表为红砂层，地形起伏较大，植被较茂盛，多为灌木，标高480~680m，相对高差50~100m。PK103+440~PK134+800地形起伏较小，构造平原的红砂层受水流侵蚀，冲沟较为发育，植被较茂盛，多为灌木，标高680~780m，相对高差10~50m。PK134+800~PK150+800地形平坦，地势西高东低，倾向刚果河（大里程方向），分布巨厚红砂层，冲沟较少，植被较茂盛，多为灌木，标高670~740m，相对高差2~10m。

二、项目所在地水文地质概况

刚果盆地是非洲最大的水系辐聚中心，从水文特征看，工程区域属赤道型，水量丰富，水位较稳定，流量过程线呈双高双低型。国家南部属热带草原气候，气温高，湿度大，年平均气温24~28℃，空气中的湿度一直保持在70%~80%。该地区年平均降水量约为1000~1600mm，其中1~5月为大雨季，雨量相当大，3~4月尤甚，基本不能施工；6~10月为大旱季，是最好的施工季节。

工程沿线地质情况较为特殊，砂性土分布较为广泛，且细砂居多，土质较为脆弱，在强降雨条件下，土壤很容易大面积流失。公路沿线黄褐色砂性土分布较为广泛，约占总里程长度的90%，且厚度基本在50m以上。刚果（布）砂性土主要成分为细砂，土颗粒粒径在0.075~0.25mm 的细砂所占比重最大，达65%左右，平均粒径约为0.25mm；其天然含水量在6%~11%，砂土的渗透系数范围为0.0009~0.0015cm/s；由室内直剪试验结果测得，该砂土的内摩擦角范围在36°~38°之间，其黏聚力在0~10kPa 之间。

多利吉—布拉柴维尔段，跨越丘陵和构造平原两种地貌单元。第一段由名都利至玛雅玛附近，属丘陵地貌，地形起伏很大，沟谷发育，地表主要为砂岩和灰岩的风化层。第二段由玛雅玛至路线终点，属构造平原区，地势较高，地形平坦，地表覆盖巨厚砂层。砂性土主要为红砂层（Ba2），其分布范围约占总里程长度的90%，红砂层组成了整个刚果（布）北部平原地垒的上面部分，平均厚度为90m，由东南至西北方向厚度逐渐减小，砂土为前寒武纪砂岩风化堆积形成，其主要特征有：

缺乏纹理，夹淤泥；赤青色，红褐色，到了顶上蚀变脱色成黄褐色或浅灰色；几乎没有硅化现象，只在几个罕见地区出现以颜色区分的两个部分：下层由卵石、砾石构成粗糙层面，外包因砖红壤化产生的铁锈，该具有粗糙层面的泥质红砂层厚度至少50m；上层泥质多，黄褐色，浅灰色，主要因铁的淋蚀形成。

第六节　工程建设主要内容

一、工程主要构成

二期工程双向四车道，设计速度80km/h，路基宽度15m，主要工程内容包括环形交叉3处、桥梁18座、涵洞276道、学校3座、医院3座、收费站3座、土石方量890万m^3、沥青面层310万m^2。

二、主要实物工程量

主要实物工程量见表4-3。

主要实物工程量　　表4-3

序号	工程内容		单位	数量
1	路基工程	清表	m^2	27190292
2		路基开挖土/石方	m^3	7780248
3		路基填筑土/石方	m^3	12537722

续表

序号	工程内容		单位	数量
4	路面工程	砂砾土底基层	m³	1259127
5		级配碎石底基层	m³	200548
6		级配碎石基层	m³	1074577
7		沥青混凝土面层（5cm）	m²	228806
8		沥青混凝土面层（3cm）	m²	771875
9	桥涵	桥梁	m	1467
10		涵洞	道	503

资料来源：中建国际中西非公司

第七节 工程项目特点、重难点

刚果（布）国家1号公路建设项目的建设标准仅相当于中国标准的二级公路，但在该国是有史以来最大规模的基础设施项目。由于项目所在地经济较不发达，组织施工面临诸多难点。

1. 资源极其匮乏，物资保障难

刚果（布）是典型的完全依赖自然资源出口以维持生存的非洲国家，工业基础设施薄弱，电力、供水等基础设施不足；项目所需建筑原材（除砂石外）、施工设备及生活物资等需要进口，无论是物资的进口卸港，还是内陆运输条件都极差。

2. 地理环境复杂，交通基础设施薄弱，进口材料及物资转运难

陆路运输条件极为恶劣，尤其是二期工程起点距黑角港160多公里，终点距黑角港530多公里，物资进场运距较远。部分地材，需要远距离转运，加重了运输难度，加长了运输周期。

在1号公路二期工程中，多利吉至名都利段长208km，为旧1号公路改造，该段地形平坦，旧路仍可正常使用，施工难度相对较小。名都利至布拉柴维尔段，为新建路段，地形起伏较大，红土粒料和石料分布不均，需大量转运，已有便道基本无法正常通行（图4-3），施工难度较大。

3. 沟通协调难，技术标准磨合艰难，设计图纸的审批对施工的影响非常大

本项目的参与方来自不同国家，承包商习惯于中国规范体系，业主监理则习惯于

图4-3 条件恶劣的已有便道（资料来源：中建国际中西非公司）

法国规范体系。两种不同规范体系的思维习惯，在设计和施工过程中产生许多碰撞和摩擦。这种背景，促使承包商在中国规范惯性思维习惯下，要熟悉欧洲规范体系和法国国家设计标准，以期在不断磨合的过程中与业主监理达到一致。

基于F+EPC的管理组织模式，为保证项目设计图纸审批、施工过程中的工序验收和竣工验收的流畅，业主方、监理方和承包商三方通过标准谈判、设计图纸审批过程中的反复磨合与设计方案的不断修改，形成了三方都能接受，并适合项目执行的经济指标和过程质量控制项目技术标准体系。

4. 环境保护任务艰巨，自然环境恶劣，传染性疾病多

为保证项目竣工后公路沿线依然优越的自然环境，保持该国原始生态状况，加之线路较长，施工点多面广，对公路施工常见的植被保护、边坡防护、水土流失、建筑垃圾处理等提出了更为严格的要求。

项目穿越的马永贝原始森林区，是一片横跨60km，纵深170多公里，生长着300余种树木的广袤热带原始森林（图4-4）。森林内各种毒虫、毒蛇出没，对施工人员的身体健康和安全构成威胁；项目所处地区气候湿热、雨季长，降水多，洪水、泥石流等自然灾害频发，人员和机械进入之后，不仅通行极为困难，而且很容易迷路，对施工人员构成了相当大的危险。因气候环境湿热、蚊子多，项目人员极易感染疟疾等传染病。

5. 年有效工期短

刚果（布）地区一年分为干、湿两季，年平均降水量约为1600mm，年有效施工期为6~8个月，工程总有效工期短。

6. 平竖曲线多，高挖高填多

项目爬山公路及绕山公路多，曲线最小半径为50m，最大半径不到400m，最长的

图4-4　马永贝原始森林区（资料来源：中国建筑股份有限公司）

直线公路里程不足800m，道路沿线沟深坡陡。桥涵结构物多，平均不到500m即有一道涵洞；路基深，高挖高填量多，最大开挖深度为51m，填筑高度达46m，且多在悬崖峭壁上施工，施工组织难。

第五章 施工部署
Chapter 5　Construction Management

第一节　目标管理

项目组建之初，就确立了项目总体目标，并进一步细化了进度控制、质量管理、安全管理、环境保护、投资控制等五个方面的目标。经过业主、监理和参建各方的共同努力，各项目标全面达成。项目建设水平获得刚果（布）政府、中国驻刚经济商务参赞处的高度评价，业主总体评价为"非常满意"。

（一）项目总体目标

总体目标是将刚果（布）国家1号公路项目建设成"优质工程、环保工程、安全工程、友谊工程"，确保项目达到国际一流水平，助力中刚关系的发展。

（二）进度控制目标

一期工程于2008年5月20日破土动工，2011年12月正式通车；二期工程多利吉至布拉柴维尔段全长376km，2016年3月1日正式全线通车。

（三）质量管理目标

刚果（布）国家1号公路项目的质量管理目标主要包括单位工程、采购质量、设计质量等，项目实体质量合格。

第二节　管理机构、体系

一、项目管理体系设计

项目属于特大型线形基础设施工程，项目的实施是一个复杂的系统工程，需要一套清晰的管理链条和切实可行的方案。为对长达500多公里的线形工程进行有效管理，总承包商中国建筑股份有限公司根据项目线路特点，依据道路里程及工程内容进行策划，确定项目设置总包经理部，实施总包管理。总包经理部设置4个工程部、1个技术部、1个合约部、1个综合管理部，并在各施工分部设置驻地组，发挥现场监控作用，使全过程施工生产始终受控于总包的统筹指挥。

由于项目规模庞大，工程施工分包商选择了中建集团系统内综合实力靠前的中国建筑第八工程局有限公司（下属中国建筑土木建设有限公司负责具体实施）、中国建筑第五工程局有限公司（中建五局土木工程有限公司负责具体实施）承担三分之二的施工任务，系统外选择了在路桥行业专业过硬、实力靠前的湖南路桥建设集团有限责任公司承担三分之一的施工任务，同时选择2个专业分包（桩基和钢结构），形成分包竞争态势，促进项目管理。采用这样的总分包模式，各分包单位形成竞争压力，起到督促、对照的示范作用，提高了整个项目的施工管理水平；总分包单位之间做到了风险共担，利益共享。

总包经理部下设第一项目经理部（刚果（布）国家1号路一期工程）、第二项目经理部（刚果（布）国家1号路二期工程）及3个设计分部，分别负责一期工程、二期工程的现场管理和相应路段的设计管理。

第二项目经理部下设5个线路施工分部、1个桩基础施工分部及1个钢结构施工分部。线路施工分部分别进行多利吉—恩卡伊（78km）、恩卡伊—娄提提（76km）、娄提提—名都利（54km）、名都利—玛雅玛（76km）、玛雅玛—叶（74km）段落的施工管理与组织；专业分部负责全线相应专业工程施工管理与组织。

二、项目管理机构

项目管理机构如图5-1所示。

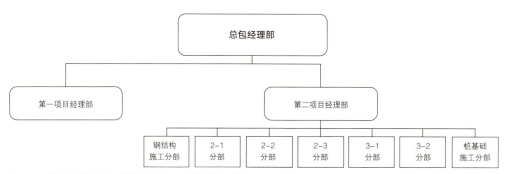

图5-1　项目管理机构图（资料来源：中国建筑股份有限公司）

第三节　施工段落划分及施工顺序

一、整体段落划分

刚果（布）1号公路二期工程（多利吉—叶段）工程内容划分为7个段落，分为7个分部（包括桩基础和钢结构施工分部），具体见表5-1。

段落划分表　　　　　表5-1

分部名称	2-1分部	2-2分部	2-3分部	3-1分部	3-2分部
起讫桩号	PK0+000～PK78+000	PK78+000～PK154+000	PK154+000～PK208+000	PK0+000～PK75+500	PK75+500～PK150+000

资料来源：中建国际中西非公司

二、各分部段落划分

1. 2-1分部

施工起讫桩号PK0+000～PK78+000，共分为4个施工段落，分别为PK0+000～PK19+500（第一段）；PK19+500～PK39+000（第二段）；PK39+000～PK58+500（第三段）；PK58+500～PK78+000（第四段）。施工顺序为：第一段→第二段→第三段→第四段。

2. 2-2分部

施工起讫桩号PK78+000～PK154+000，划分为5个施工段落，分别为PK78+000～PK95+000（第一段）；PK95+000～PK105+000（第二段）；PK105+000～PK125+000（第三段）；PK125+000～PK135+000（第四段）；PK135+000～PK154+000（第五段）。施工顺序：第二段→第四段→第一段→第三段→第五段。

3. 2-3分部

施工起讫桩号PK154+000～PK208+000，划分为2个施工段落，分别为PK154+000～PK183+000（第一段）；PK183+000～PK208+000（第二段）。施工顺序为：第一段→第二段。

4. 3-1分部

施工起讫桩号PK0+000～PK75+500，划分为6个施工段落，分别为PK0+000～PK3+711（第一段）；PK3+711～PK31+900（第二段）；PK31+900～PK37+300（第

三段）；PK37+300～PK58+000（第四段）；PK58+000～PK65+000（第五段）；PK65+000～PK75+500（第六段）。施工顺序为：第二段→第一段→第三段→第四段→第五段→第六段。

5. 3-2分部

施工起讫桩号PK75+500～PK150+000，划分为2个施工段落，分别为PK75+500～PK100+000（第一段），PK100+000～PK150+000（第二段）。施工顺序为：第一段→第二段。

6. 桩基础施工分部

负责二期全线的桩基础施工，五个线路分部同时开工。

7. 钢结构施工分部

负责二期全线的钢结构施工。钢结构施工2011年5月开始进场，根据便道、土方、混凝土工程的进度进行相应钢结构的施工。

第四节　施工便道、便桥及交通导改

二期项目2-1、2-2、2-3从多利吉到名都利段施工便道主要走原1号公路；3-1、3-2从名都利到叶段施工便道大部分新修。

原1号公路弯多、路窄，为了便于施工和当地车辆的通行将在线路上设置便道、便桥及错车道。方案是跨河流和铁路的位置为了不影响桥梁的施工搭设便桥通行，在普通的路段则每隔1km设置一处50m的错车道方便车辆通行。

新修便道按便道标准执行。施工便道定线结合沿线地形、地物，按照平曲线缓和、纵坡小的原则，并尽最大可能利用既有道路；确保足够的路面宽度，以确保车辆安全交汇和行驶，其通行能力应最大限度地满足集装箱、平/拖板车等大型运输车辆，以及施工机械设备、物资材料的进场要求；鉴于该地区雨季长、雨量大的气候特点，施工便道建设形成良好的排水系统，这包括但不仅限于形成路拱/单面排水横坡、单/双侧排水沟，并随现场地形在合理的位置将排水沟出口顺至河流、河沟/山谷内，以使排水通畅。同时，施工便道的填筑材料要具有良好的水稳定性，并碾压密实；对于部分黏土等通行困难路段，要通过加铺一定厚度片石/砂砾料并碾压成型予以处治，以确保通行顺畅。

第五节　管理风险分析及对策

一、外部环境风险分析与对策

外部环境风险包括以下方面：

1. 政治风险

项目施工期，刚果（布）萨苏总统推行和平、统一和民族和解政策。2003年与境内最后一支反政府武装签署和平协定后，国内安全局势一直比较稳定，除部分与刚果（金）接壤地带治安稍差外，整个国家的社会治安相对良好，为刚果（布）国家1号工程的顺利实施带来了难得的机遇。

2. 市场资源及环境风险

市场资源及环境风险包括材料设备供应能力不足、基础设施条件薄弱、劳动力供应不足、物资进口物流运输风险和国内运输物流风险。

针对材料设备及劳动力供应不足的问题，项目公司应做好采购前期的询价工作。在经济落后的刚果（布）市场，询价工作还要关注其生产、提供该类物资的能力，在保证物资按时、按质供应的前提下，通过询价获得最合理的分包价格；对于刚果（布）国内无法提供、需从海外进口的物资，应关注物资重量体积、海运费、当地运杂费等因素对物资价格的影响。同时，可以向刚果（布）的中国同行请教经验，提前熟悉物资市场的供需价格等情况。

结合当地情况，针对当地基础设施薄弱、物流运输易受天气影响等风险，管理人员应根据刚果（布）雨旱季季节交替的气候特点，科学安排、高效组织。一方面，可在雨季重点实施受降雨影响较小的工作，并同时进行组织资源进场、机械设备保养维护等工作，以备旱季到来时能迅速、全面展开施工；另一方面，在现场组织方式上开展"立体推进"，例如合理安排路基施工与排水、防护设施施工的同步进行，使得在雨季来临时，成品能得到最有效的保护。

3. 金融风险与应对

金融风险包含项目付款风险、尾款回收风险、现金流风险、货币贬值风险等等。刚果（布）国家1号公路项目地处物资匮乏的中西非地区，资金密集性强，前期投入大。业主付款采用预付款+月进度款+结算款的支付方式，且支付周期长达3~4个月，总包商必须及时支付其分包商的工程款，以确保工程顺利进展。收支是个突出的矛盾，常常制约着工程的进展。通过分析与预测，在合同条款中约定适当的当地货币与美元的汇率（1∶450），避免了部分美元兑付当地币贬值的风险；在合同谈判中争取机械设备预付款及材料预付款，保证充足的现金流。

4. 法律风险

法律风险包含司法腐败、保护风险、合同条款模糊风险、合同工期延期罚款风险等。合同招标时一般均要求承包方应遵循当地的法律法规，但中西非国家往往较为落后，相关法律不健全；且一时也难以熟知当地的法律法规，对工程的执行和今后工程的索赔构成难以回避的风险。如司法腐败风险，所在国司法部门众所周知的腐败、冗长而昂贵的诉讼程序都极大地削弱了合同的法律制约作用。

刚果（布）原为法属殖民地，在独立以后继承了多数原宗主国强加的法律体系，但目前的司法制度仍然不稳定，司法不完全独立于政治力量，该国与国际商务相关的法律条款也不健全。1992年通过的投资法确定了外国投资者的国民待遇政策。虽然中刚两国政府之间早在2003年就签署了《中华人民共和国政府和刚果共和国政府关于鼓励和促进保护投资的协定》，但两国之间却至今没有签署避免双重征税的有关协定。该国还颁布了《进出口法》《劳动法》《税法》和《环境法》等，这些法律对项目的劳务用工、环境保护、原材料和设备贸易等方面都有相应的法律约束。

针对法律风险，项目团队在及时了解和掌握当地法律、法规的前提下，通过与当地律师事务所及当地政府保持密切的联系与沟通，建立良好的互利协作关系，在一定程度上降低了法律风险。但对于中国企业来说，所在国的司法腐败及保护风险还是相对严重的风险，承包商还应加强当地法律的学习与了解，在尊重当地法律的框架内开展经营活动，避免重大风险的出现。同时在投标报价时应考虑一定的费率，作为风险金补偿。

5. 医疗条件与疾病风险

刚果（布）生存环境较差，疟疾和艾滋病流行，医疗服务点少，设备、技术较差，对人身安全将会是一个较大的威胁。通过提高安全生产指标，加强内部安全管理，在项目部及分部设立具有一定规模的医疗服务点，配备具备一定技术的医务人员和相当的医疗设备，消除传染病风险，并定期进行传染病医疗知识培训。

6. 社会治安风险

社会治安事件、匪患、交通、政治局势等是由外部环境所决定的，游击区的存在也是施工安全的一大威胁。项目管理对于此类安全风险，按安全管理的普遍原则，制定社会治安应急预案，及时响应启动，适时调整，做到遇事有章可循，有效应对和降低安全事件带来的风险。对于游击区路段的施工尽量推后，在与业主签定合同时要明确，在业主与游击队谈判后再集中力量施工。

7. 社会风险

首先，刚果共和国是原始宗教、天主教和基督教等并存的多宗教国家，我国的承包商容易在不知情的情况下触犯当地劳工的宗教禁忌。第二，中国的工程总承包企业在环保方面的不足也使得批评之声日益蔓延。第三，中国企业雇佣的当地工人常常指控其获得的待遇很低（例如，在没有劳动合同的情况下工作，所得报酬过低，没有工会等）。第四，在刚的中国工程承包企业往往使用大量的中国劳动力，没有使刚果（布）青年人的就业情况得到改善，这是又一个由中国企业引起的社会问题。因此，在刚果（布）的工程项目需要特别注意不同宗教的禁忌，并尊重劳工的信仰，以免引发冲突。应注意尊重和考虑当地劳工的合理要求，保证其法律规定的合法待遇，并且尽可能地使用当地员工，同时注意环境保护。

8. 国家经济与汇率风险

刚果（布）的宏观经济形势远期看好。1999年内战停火以来，为了实现经济复苏，该国制定了"减贫促增长计划"，促进经济发展，改善财政状况，减少财政赤字，摆脱"重债穷国"的国际形象，实现国家发展。

刚果（布）没有自己的货币，独立后一直沿用中非金融共同体法郎，简称"中非法郎"。中非法郎与欧元挂钩，汇率相对稳定，与美元的汇率处于经常的变动之中。中非法郎不能与人民币直接兑换。项目建设期，项目部与分包商和设备供应商签署了"双币"合同，以期降低汇率风险。

二、项目内部管理风险分析与对策

项目内部管理风险主要包括以下方面：

1. 工程分包风险

工程分包风险包含工程总价风险、分包商资质风险、分包商管理风险等等。作为EPC总承包商，在合同执行过程中，必须进行项目再分包，如对地质勘察、工程设计、工程施工等进行分包，并签订合同。项目执行的合同风险是集成风险或集约风险，一个分项工程的缺陷或者迟交，可能导致整体造成拖延，分包商不可能承受由此产生的项目风险。因此，项目分包合同的风险转移条款，不能替代总承包商对项目的监督和控制。针对工程分包风险，刚果（布）国家1号公路项目部采取了如下风险控制措施：

中国建筑股份有限公司组建了强有力的项目管理团队，全面负责项目管理。项目三分之二的施工任务分包企业选择中建集团下属企业；三分之一的施工任务分包企业选择外部企业，选择在路桥行业专业过硬、实力靠前的两家公司。中建系统内外企业形成竞争压力，无形之中起到了督促、对照的示范作用，提高了整个项目的施工管理水平。分包上选择通过公开招标，实现成本合理最低，总分包单位之间做到了风险共担，利益共享。

2. 物资、设备采购风险

国际EPC工程采购过程中的风险如何有效控制，是海外EPC项目采购的一个重要问题。对于路桥项目来说，设备采购相对简单，风险不大，需要注意永久性工程材料的地域区别与性能指标的差异性。物资、设备按计划准时进场是项目工程实施的保障，1号公路大宗物资、设备采购进场主要是通过国内采购和第三国采购。

为了降低物资、设备采购风险，项目部采取"集中采购"，各分部与总部针对所采购的物资联合组织招标采购，这样的方式降低了采购价格，同时保证项目所用材料的一致性。通过"集中采购"降低物资、设备采购风险的同时，相应降低采购成本。

（1）资金的风险及材料采购的不可逆性风险

非洲国家采购的原材料或设备配件，如果资金支付后被欺诈或到场物资不能满足要求，不仅会造成工程延误，而且也会造成很大损失，还会引起长时间的国际纠纷，因此需采取一定的办法控制。如原材料生产地国家有自己的分支机构，可以让分支机构协调常用的供货商进行供货，这样不仅可以利用现有资源，也能保证资金安全和促进价格的优惠；如果没有分支机构，只能派相关人员去实地考察，同时在支付方面考虑采购合同中的支付条款，例如货物发运时提供我方发运提单和第三方检验证明后支付15%，货物到港口检验合格再进行剩余货款的支付，或者采用信用证的方式支付。

项目大宗材料（主要是钢筋、沥青和设备）全部依赖进口，考虑到在材料、设备生产国有自己的分支机构，同时考虑到总体需求数量、运输时间和价格因素，项目管理团队决定钢筋、设备从中国采购，沥青从中东、南非采购，依靠国内的总部和中东的分支机构办理相关物资的采购，既保证了质量，又保证了资金的安全。对于南非这种没有分支机构的地方，进行前期考察，确定供货商后，采取合同手段控制风险。

（2）国际经济形势造成的风险

项目是连接港口城市黑角至首都布拉柴维尔的道路，由于建设路段地处荒僻，所需动力原材料全靠油料。刚果（布）年有效施工期为6～8个月，如果因为油料供应错失施工良好时间段，一错就是一个旱季，造成工期损失的后果不堪设想。

项目采购主要的油料是柴油和煤油，由于非洲国家大多以石油为经济来源，石油价格从2014年6月下跌后，非洲国家经济衰退，进而锁紧支出，造成油料中断供货，整个国家油料紧张，无法保证现场的用油需求。虽经多次与业主和政府沟通，还是不能找到合适的方式，现场生产近乎停滞。在此关头，法国道达尔石油公司主张我方找刚果（布）国家碳氢燃料部提供进口油料的许可，由他们进口油料，虽然增加了一部分关税，但缓解了现场的用油荒，保证了现场生产进度。另一方面，由于当地石材的原因，透层施工需要用煤油沥青，而当地的煤油主要供应航空，我方在此也遭到一定的阻碍，彪马公司通过其优势，从喀麦隆经韦索运输煤油至项目现场，虽然也高于市场价格，但是保证了现场的生产进度，使得生产按期完成目标。

（3）物资、设备采购在刚果（布）内陆运输风险

主要是物资到港后迟缓运输到工点的风险。国内采购选择良好的清关公司合作，及时有效地运到黑角港口，清关公司在港口处理货物的进度可控，但在内陆运输受道路条件、天气影响往往不能及时到达，而工程所需的设备物资在本地难以采购。为降低设备物资进场迟缓的风险，一是与清关公司的合同应充分明确责任划分，以免在海运、陆运过程中出现的问题推诿造成物料供应的延误；二是保持与清关公司、上级部门、地方港口、交通部门等信息通畅，综合采取各项应对措施，加快物资的进场。

3. 技术风险

技术风险客观存在于项目管理的全过程中，其带来的损失有大有小。工程项目是一项系统性工程，在技术实施上应以成熟、适用的技术应用为准，针对不同的项目特性可采取新技术、新工艺、新材料的应用，促进企业技术水平的提高。

技术风险的控制从材料的采购、进场把关，采购时明确符合合同要求相关的技术参数，个别的应高于合同技术要求，同时要求供应商提供相关资质证明、检验证书、检测数据或样品等，项目的实验室应对主材进行指标试验，检验产品的合格性，从而确定材料的可用性。在施工组织设计时，按规范、规定、合同技术条款要求制定施工方案、技术措施，作为生产实施的科学依据，同时在实施过程中对措施进行适当的补充与修改。对于桥梁和管涵，应制定专项施工措施，应有安全环境措施的考虑，试验检测是项目实施中监理对质量监督的必备条件，是后续工程计量的依据，应系统地按公司质量体系的要求进行质量控制。技术风险包括客观性、相对性、模糊性、效用性、过程性等特点，在项目的管理过程中应按不同阶段风险的来源、规模、侧重点及后果不同，制定相关措施，降低或抵消此类风险。

4. 设计工程量风险

因该项目为EPC总价合同，设计院对1号公路初步设计工程量预估的准确程度，直接影响到工程总投入，进而影响到总体利润。

应对措施：确保设计工程量不超过与业主合同确定的工程量。优化设计，降低成本；要求设计单位在施工阶段进一步深化设计。

第六节 施工准备

一、技术准备

1. 熟悉当地规范体系，搜集规范资源，为设计和施工提供保障。
2. 建立健全项目部各种规范的管理体系，为项目部工作的正常、高效运转服务。
3. 了解当地常规施工工艺，对比国内施工工艺与当地施工工艺的差异性和优劣点，为施工方案的确定提供保障。
4. 确定研发课题，组建研发团队，为施工过程中遇到的难题提供解决保障平台。
5. 做好材料检验，做好混凝土配合比、沥青配合比的试配，为施工配合比做好准备。
6. 在投标施工组设计基础上优化施工组织设计，分部根据各分段工作内容进行分段施工组织设计的编制，并准备施工方案编制计划。
7. 做好测量基准点复核和测点加密。

二、现场准备

1. 根据施工段落划分，分步组织营地建设及场站建设。
2. 做好物资采购计划，组织首批物资进场，为项目开工做好现场物资储备。
3. 各分部熟悉现场人文环境，做好人力资源市场调查，储备劳动力资源。
4. 各分部踏勘现场地理环境和地貌特点，为施工方案提供确定地理、地貌依据。

第七节 组织协调

一、与业主的沟通与协调

1. 加强沟通，了解业主意图

通过各种形式（例如不同场合的会议、现场检查或者工作餐等）适时展开交流。通过加强与业主的沟通和了解，深入了解业主的建设意图，及时答复和处理业主提出的问题，助推业主对承包商的信任度提升。

2. 当好业主参谋，提升互信度

通过提升双方互信度，利于工程中各种问题的解决。根据业主的建设意图，发挥企业技术优势，站在业主的角度从工程的使用功能、设计的合理性等方面考虑问题，多提合理化建议；根据合同要求，科学合理地组织施工，统一协调、管理、解决工程中存在的各种问题，让业主放心，提升互信度。

3. 建立工程例会制度，创建交流平台

建立与业主、监理共同参加的工程例会制度，加强沟通，及时解决工程质量、进度等问题。成立现场管理小组，加强与当地街道、环卫环保、派出所、市政城管等部门的联系，及时解决可能出现的扰民、民扰等问题，确保工程顺利进行。

二、与监理的沟通与协调

1. 积极配合，接受监督

积极配合、接受监理单位的监督，为其开展工作提供方便，按照要求提供完整的原始记录、检测记录、技术及经济资料。尊重监理单位的各项权力：材料与施工质量的确认权、否决权；施工进度和工期的确认权和否决权；工程合同内工程款支付与工程结算的确认权与否决权；组织协调主持权等。

2. 熟悉监理的工作程序

在与监理的工作交往中，做到熟悉监理工作程序，接受监理指令，服从监理的监督指导；工程施工过程中，严格执行报验制度，上道工序未进行检查前，绝不进行下道工序的施工。通过熟悉监理工作程序，消除验收障碍。

3. 以事实结果作为交流基础

承包商各级管理人员熟悉的是中国规范体系，监理熟悉的是法国规范体系，刚果（布）本身又没有自己的标准规范体系。设计方案的沟通结合工程实际效果，运用BIM技术展现效果，提供施工模拟，直观说服监理接受中国特色的设计方案。

三、社会/公共关系的沟通与协调

刚果（布）1号公路项目战线长，共跨越刚果（布）境内7个省市、15个行政区、88个行政村，我方20个营地规模不一，各段施工环境迥异。进场初期先与当地政府接触，解决属地用工需求的同时，还替当地政府提供一定的劳动就业岗位，并降低了社会不安定因素，所以各区、村政府与我们合作呈现积极主动的态势。由于雨旱季的用工数量不一，双方合作也较为频繁。采取如此方式，既与当地政府建立了友好关系，也与当地官员联络了感情，对管理属地雇员和降低施工过程的危险性、营造良好的治安环境都有重要的帮助，可谓一举多得。

项目实施期通过与各省政府、区政府区长、村委村长、警察宪兵驻军的积极协调工作，督促人员属地化工作更加理性。依靠各级政府单位，处理平息若干事件，这个过程中当地政府，特别是区长和村长自然而然会给属地雇员灌输"安定第一"的主导思想。让代表政府的机构出来说话，效果更佳。我们坚持：发生罢工时不能立即满足雇员要求，以防埋下隐患；中刚员工发生矛盾时，请政府代表、执法机构协调解决。中方人员违反了管理规定和外事纪律，本着一视同仁的原则，按规定处理，绝不能采取两种处罚措施。

第八节 施工布置

一、施工现场平面布置原则

满足施工进度、方法、工艺流程及施工组织的需求，平面布置合理、紧凑，尽可能减少施工用地。合理组织运输，保证场内道路畅通，运输方便，各种材料能按计划分期分批进场，避免二次搬运，充分利用场地。因地制宜划分施工区域和临时占用场地，且应满足施工流程的要求，减少各工种之间的干扰。在保证施工顺利进行的前提下，降低工程成本，减少临时设施搭设，尽可能利用施工现场附近的原有建筑物作为施工临时设施。施工现场临时设施的布置，应方便生产和生活，办公用房靠近施工现场，福利设施应在生活区范围之内。施工平面布置应符合安全保卫、消防、环境保护的要求。

二、主要临时设施布置

（一）营地建设

施工场地包括项目经理部营地、各分部的营地、石料场、预制厂、沥青拌合站、混凝土拌合站等。

总包营地设置在PK75处线路前进方向左侧，靠近恩卡伊市。主要内容包括办公及生活用地、员工活动场地、监理及业主营房用地、养殖和种植用地、油料周转场地、车辆停放及维修场地、中心实验室等。营地共规划办公及生活用房8栋、实验室1栋、基建库房1栋、小车班及修理车间1栋、其他配套设施7套（包括净水设备房、水塔及市政水源净化池、消防泵房、发电机房、门卫室2处、属地司机宿舍1套）；考虑到项目施工周期和后期道路的维保管理，本营地按照10年的使用寿命进行设计和规划。考虑便于现场管理，在3-2分部主营地设置总包分营地，该营地主要居住3-1和3-2标段总包现场管理人员。

同时为保障项目沥青的供应，在项目一期PK8（黑角市近郊项目一期起点附近）总包营地建设沥青储运中心，第三国采购的沥青清关后，先在储运中心临时存放，根据各线路标施工计划再运送到现场。因二期工程沥青使用量大，为防止中东采购的桶装沥青供应出现问题，还从南非采购部分集装箱液体沥青，作为备用。沥青储运站内除桶装沥青存放场地外，还修建了一座2000t×4沥青储藏罐。

项目5家线路分包，分别根据管段内实际情况，在所负责管段内设置一座主营地，1~2处副营地。两家专业分包主营地设置在PK75总包营地旁。多利吉—名都利段设计分包营地设置在恩卡伊市，直接租用民房。名都利—布拉柴维尔段分包营地设置在首都布拉柴维尔近郊金德磊，直接租用民房。

因名都利附近有刚果（金）流窜的持枪匪徒活动，武装抢劫事件时有发生，经与刚果（布）政府多次协商，为保证项目施工安全，在2-3、3-1和3-2三个标段的主营地处，建设士兵营房，每个营地入住30名政府军士兵，保护施工人员的安全。

（二）生产设施布置

1. 施工便道

多利吉—名都利段尽量利用原1号公路，安排专人负责维护保养，确保道路畅通。对原有的危桥，进行修复后继续使用。新建道路与原1号公路重合段落，在路基坡脚外，红线范围内修建临时便道。名都利—布拉柴维尔段全部是新建道路，绝大部分路段都需要新建便道，在Djoue河修建钢便桥一座。

2. 水

所有生活营地都采用打井取用生活用水，混凝土拌合站、混凝土结构养护等施工用水采用地表河水。

3. 电

二期工程，除总包营地自恩卡伊市接入市政电外，其他所有生产、生活营地和现场都使用发电机自发电，总包营地也配置发电机防止市政电力供应中断。

4. 通信

项目沿线部分段落，特别是3-1和3-2两个标段内，电话网络信号还没有覆盖。项目一方面积极对接属地电信公司，增加信号塔，争取手机信号早日覆盖；另一方面，配置大功率手持式对讲机,保证信息联络通畅。每个生产生活营地都配置一部海事卫星电话,便于紧急状况下对外联络。

5. 柴油储罐

刚果(布)的柴油只有布拉柴维尔和黑角两个供应点,全国的柴油或汽油都需要自布拉柴维尔或黑角采购。与当地最大的柴油供应商道达尔公司协商后,决定在项目所有营地都配置柴油储罐。道达尔公司因其加工能力有限,同意在其无法按时提供标准储罐时,由项目部自制埋地式储罐。开工之初,因原1号公路通行困难,且道达尔的供应能力不足,在总包营地内设置一座5万L×3的柴油中转站。当道达尔公司供应不足时,2-2、2-3和3-1三个标段可派加油车到总包柴油中转站临时加油。

6. 采石场

项目5个线路标分包各设置一处采石场,配置碎石机,生产管段内混凝土、沥青混凝土、级配碎石基层和圬工所需的碎石、片石和机制砂。

7. 混凝土拌合站

项目5个线路标分包各设置一座混凝土拌合站,配置搅拌式混凝土运输车,满足管段内所有混凝土供应。

8. 沥青混凝土拌合站

项目5个线路标分包各设置一处沥青混凝土拌合站,满足管段内沥青混凝土搅拌料的供应。

第六章　主要管理措施
Chapter 6　Main Management Measures

第一节　工程计划管理

一、工程计划管理组织

刚果（布）国家1号公路项目总经理是进度管理的第一责任人，生产副总经理是项目进度管理控制的组织者，工程部为项目进度控制和管理的协调部门。各分部负责人、计划人员都是该体系的组成人员，都应承担控制目标，对进度控制负责。关键线路上的各项活动和主要影响因素是项目进度控制的重点，当进度出现与计划的偏差时，及时采取纠偏措施。纠偏过程包括：偏差部位的查找 – 出现偏差的原因分析 – 采取有效的纠正措施 – 检查调整效果。在整个施工过程中，进度的控制和采取的纠偏措施均是一个动态的管理过程，以保证进度过程回归关键线路。

二、实施分级进度计划管理

在工程建设中，参建方所处的角色不同，对建设的进度的关注点不同。业主对主要节点和开竣工日期比较关心；工程总承包商主要关注总进度计划与执行情况；工程分包商则需要对所分包工程进度进行细化，从而指导具体的施工。为有力地指导施工，项目在施工中需将进度计划分级和分解，一般情况下将进度计划分为项目总进度计划、年进度计划、月进度计划、周进度计划四级。在总进度计划和年进度计划的框架内，月进度计划和周进度计划相对灵活多变，更与实际情况相符，指导施工更有效。各级进度计划分解时，在合理可行范围内适当增加计划强度，确保总进度计划要求。对于特殊和关键工程，应制定专项进度计划。

三、严控关键线路，采取有效措施

灵活调度资源确保关键线路工期总进度计划中的关键线路非常重要，是项目工期的关键，也是工期索赔的依据。位于关键线路上的设计和工作任务即为关键工作，关键工作具有不可延迟性，一旦发生延误，将导致建设工程的延期，造成不应该有的经济损失。所以，建设工程进度计划的管控重点就是对关键工作进行严格管理。一旦发现关键工作发生延误现象，就应该立即采取措施，如增加人力或设备、适当延长工作时间，调整施工方案，或者后续部分工作并行作业。

所制定的进度计划是静态的，而施工过程是动态的，在工程建设实施过程中，关键线路要随时进行检查，根据现场情况和实际需要实时更新进度计划，实现进度计划管理的目标。

四、做好设计、采购与施工进度计划的衔接相关工作

施工设计图纸和文件及相关资料是指导施工的重要依据，材料设备的按时供应是开展施工的保证。所以施工设计的按时完成和材料设备的采购与供应对施工的顺利开展起着决定性的作用。项目部须对设计、采购、施工进行统筹安排，通过优化设计和施工方案来优化资源配置，缩短建设工期。项目部须把设计、采购计划纳入到施工进度计划中，作为施工计划不可或缺的部分，根据实际情况充分考虑设计和采购的供货时间。当地能采购的部分材料，根据月进度计划，将材料、物资等至少提前一个月准备好。对于国内采购的物资，要求做到至少提前半年筹备。

第二节　工程商务管理

一、合同管理及法律事务

刚果（布）国家1号公路的工作范围及工作内容较为庞杂，项目本部在签约开工前便根据当地实际情况针对合同管理及法律事务流程进行了相应策划，梳理了相关重难点管理事项。本小节将根据针对的合同法律管理对象将其分为业主总包类、参加分包类以及外部事务类三个子项分别梳理管理重难点并重点制定相应的管理流程，具体内容如下：

第一类是与业主间的EPC总承包合同管理流程探讨，主要考虑的是项目运作工程中需重点关注的与业主间的索赔管理、履约资料交底等合约管理及法律事务；

第二类是作为总承包单位对各参建单位的分包合同拟定及反索赔管理等事务，管理核心方式是考虑如何在避免分包可能向我方发起索赔的基础上同时激发各分包单位的履约积极性；

第三类则是讨论如何针对外部因素类似征地风险、环保风险以及社会治安等进行外

部法律事务防范。

1. 与业主间的EPC总包合同管理及法律事务

（1）与业主间合约及法律事务的管理难点

刚果（布）国家1号公路项目是由当地政府主导设立的政治影响重点项目，项目合同组成部分及法律事务管理模式较为繁杂，总体而言总包方的合约法律事务管理难度较大。主要体现在以下三个方面：

①合约文本为业主拟定文本，风险识别压力以及合约管理难度较大。业主刚果（布）大工委在其与我方签订的业主合同内容中注明此合同为刚果（布）法律示范文本，但由于刚果（布）在法治化进程较为缓慢，当地政府开发一套完全适合自己的版本较为困难，在编辑过程中吸收大量FIDIC合同条款的内容设置，又将FIDIC条文中利于承包方风险分担及免责事由的条款进行大范围的删改，合同文本既不符合现场实际需求又过度加重我方责任义务。

②合同范围庞杂，组成部分过多，需对各部分合同条款进行整合梳理。业主基于施工路段权限较长将项目总包合同拆分为数个相对较独立的分段合同。并且在合同组成部分中，除上述与业主谈判签订的合同外，中标通知书、招标文件和其他设计图规范文件均是刚果（布）合同的组成部分，在不违反主合同的情况下，将按照一定的效力层级应用于本项目的合同管理中。

③EPC交钥匙总承包模式的全阶段统筹特性。EPC交钥匙总承包是集设计、采购、施工及试运行服务为一体的总承包管理模式。在交钥匙总承包管理模式下，项目本部需承担远超传统施工建造模式下的合同义务，但根据条款规定合同价格已经包含全部范围。

（2）对管理难点的应对措施

针对上述EPC总包合同管理的复杂点，项目本部经过内部细致讨论决策，决定从事前勘验报价调查、事中的履约资料收集以及事后索赔管理等三个维度精细化设置项目EPC总包合约及法律事务的管理流程。

①根据实际勘验资料将相应费用列入，根据招标文件中的规定严格注重标前28天的基准日对项目的事先调查，通过将不可预见的风险和情况列入投标价格中进行投标，并在中标签约时与业主谈判约定进场交通条件的后期维护费用及因自然条件等不可抗力产生的预测成本收集证据进行谈判，坚决抵制为中标而追求低价投标，忽视潜在风险的发生概率。

②做好招标文件及合同交底。

③完善履约资料的收集流程，做好索赔的前期准备。为保障我方的合理权益，防范好因业主基础资料不全面导致重新设计施工而产生的额外费用。项目开工后便要求标段分部的现场施工人员必须坚持每日做好施工日志、技术资料的签字施工记录。在当

施工现场实际状况与业主提交的资料存有误差时，必须当场摄影、录像，为需要进行的索赔做好前期准备。

2. 参建分包合同条款设置及相应法律事务管理

由于刚果（布）国家1号公路项目整体规模大，单独依靠项目本部在刚果（布）的人数难以完成项目全线的履约重任。因此，项目接手时中建集团总部便根据合同的实体内容及相应权利义务条款制定了由中国建筑股份有限公司承建，中建集团子公司及其他国内知名专业公司参建的联合经营模式。之后项目责任本部便结合现场实体情况，整体设置了四家标段分包、两家专业分包和两家设计分包的一家承建、八家参建承接经营模式，并且在围绕八家参建方的合同及法律事务管理中需要根据具体分包的类型制定相应管理措施。

具体表现在两个方面：一方面是针对设计单位的图纸制作及深化设计，需要从合同管理上明确设计方的质量责任和设计标准；另一方面是在标段分包和专业分包上，需对属地劳务的用工管理，标段整体的工期责任和质量安全责任进行明确。

3. 项目外部的法律风险及防范

除与业主及分包的合同管理需要做好法律风险防范外，项目还需要针对外部法律风险做好管理防范。外部风险主要集中于属地工人的管理及工会、社会治安管理风险、外部宗教管理以及行政部门的处罚风险。相比对业主及分包的内部合同法律风险，外部法律风险整体而言虽然不显得急迫，但较为繁杂，稍加不慎将会对项目履约产生严重影响。因此，项目本部采取了对应的措施应对外部法律风险，具体措施如下：

一方面指定各职能部门应对相应法律风险。因外部风险涉及范围广泛，项目本部指定了相应职能部门应对其主责类型的外部法律风险。如项目施工技术部负责应对属地劳务及工会带来的劳动法规外部风险，项目安全质量部应对当地医疗以及环境风险，项目合约预算部应对宗教信仰及当地习俗等。另一方面，聘请当地法律顾问，定期对外部法律风险向各项目职能人员进行专项法律培训。根据当地部门推荐，寻找当地优异的律师对各部门面对的法律风险问题进行专项的技能培训，提高项目依法履约意识，助力项目履约合法合规。

二、财务管理

本项目由于是在海外施工，财务管理方面既需要满足国内公司的管控和披露要求，同时需要满足当地财政法规和业主的披露要求。海外机构可以实行双轨制会计核算，也就是在聘请符合所在地管理要求的中介机构或会计人员进行海外账务核算的同时，也须考虑到集团统一的会计政策，采用统一的财务软件、会计科目、报表系统等同步进行会计核算，并在每月及时反馈至上级单位，以满足内部管理及外部监管需要。特别是纳入国内资产年度财务决算范围内的海外机构，更应加强双轨制会计核算的力度，为及时并高质量地完成国内财务决算审计工作奠定基础。

1. 财务机构设置方面

总部负责对接当地银行账户、融资、税务、保险、外汇等直接对外业务，各分部独立核算分部成本、进行分部资金预算的管理。采用此种模式可有效避免分部财务人员素质、能力的不同可能造成的重大风险。

2. 财务核算中实施多币种和内外账套核算管理模式

采用多币种核算可以准确核算过程中的汇率波动成本损益的影响。内外账套即依据财务核算的不同要求核查核算：内账根据国内的财务管理制度而定，外账依据项目所在国别财务制度而定，内账可以看作是外账的参考。目的是有利于不懂财务的管理人员实时决策，也有利于国内财务部门的核查核算。核查外账的作用是方便和当地企业、政府实时交流，以应对当地税务机关的检查，确保项目进展。

3. 加强项目资金管理

海外项目的资金管理不确定性因素多，存在一些特殊的风险，如选举换届政权更迭、恐怖反政府势力活动、外汇管制、汇率波动等。在实际管理过程中：

（1）加强资金的全面预算管理

规范资金支付，实行资金统一规范管理，突出预算执行情况分析，提高预算的准确性、可执行性，加强工程资金的清收，提高资金的使用效率。

（2）合理规避汇率风险

尽可能将资金集中存放在信誉好的外资银行，并随时关注所持货币发行国家的政治、经济、金融形势变化，分析影响汇率变动的各种因素，确保完工结算后项目利润能够及时汇出境外。

（3）防范工程款回款风险

及时有效地验工计价，尽快回收工程资金，减少资金占压，降低施工企业"两金"规模；在项目竣工验收后，要派专人负责项目尾款的清收工作，明确应收款清收责任。

（4）加强资金安全管理

境外项目在当地开立银行账户必须上报母公司审批；严格控制在境外银行开设账户的数量；积极关注存款银行的经营情况，定期与银行进行对账，及时解决未达账项；定期收集银行财务报告等数据资料；选择多家信誉好、资本实力雄厚的银行作为合作对象，避免将资金集中存放于一家金融机构。

三、税务管理

刚果（布）税法基本沿袭法国税法，采用属地征收原则，以所得税和增值税为核心的税收体系，主要税种有企业所得税、增值税、营业税、消费税、工资税、关税等。刚果（布）税务总司每年会公布一份税务年历，明确什么时候缴纳什么税种。一般情况下承办税、营业税、社会保障费、劳动税、学徒费和住房公积金等在每月15日以前报税；增值税和附加税在交易时收取；所得税和特别税在下年的3月15日以前缴纳；分次所得税在每年的2月、5月、8月和11月的15日以前报税；关税是在提货报关时缴纳。刚果（布）缴纳税费需在规定的期限和条件下，通过税务局印制的格式进行税务申报。申报内容包括征税基数和纳税金额，申报人对其申报的内容负责。申报文件由纳税人或其代表填写、注明日期并签字，然后提交税务局主管部门。

刚果（布）国家1号公路项目为经贸合作项目，享受当地税收优惠政策，免征增值税、公司所得税等税费。项目在购买物资设备、接受劳务或服务时，提供项目免税证明，可直接以不含税价购买。特别需要注意的是，免税项目的物资、设备只能用于本项目使用，如未补缴增值税用于其他应税项目，会受到税务部门稽查，面临大额罚款风险。且虽然为免税项目，但是也需要正常纳税申报。本项目与当地信用度很好的普华永道会计事务所开展充分合作。由事务所进行外账的会计处理和税务申报工作。当地事务所熟悉当地财务核算体系和税法政策，可有效降低核算和申报的税务风险。

海外施工项目的税务管理工作具有一定的复杂性和重要性，需要结合项目所在国的税收法规，对项目立项、施工、竣工结算阶段所出现的税务筹划风险进行分析。立项阶段，在对税收政策进行全面收集、调研的基础上，通过设置机构或分公司、子公司的形式，来有效地明确目标市场的发展战略；施工过程中，合理利用当地的税收优惠政策，了解项目所在国税收优惠政策以及申请税收优惠的可能性，及时办理各项认定和备案手续，与相关的税务主管机关保持良好的沟通。合理选择资产折旧年限和入账价值，尽量减少固定资产入账原值避免相关折旧不能及时税前扣除，在确定固定资产使用年限时，在税法规定的合理年限内，应尽量选择较低年限，这样就能够有效把折旧费用纳入到成本之中，进而减少当期应纳税所得额。合理分摊大修费用，海外工程项目可以借助固定资产大修费用形成的递延费用来有效改善所得税的义务时间。项目竣工结算时，合理把控后期纳税义务的具体发生时间，这样不仅可以有效利用纳税筹划的操作空间，并且能够在规定的时间内适当延迟税金的申报缴纳，通过时间价值改善资金压力，从而有效提高海外项目竣工结算阶段税务筹划风险管控效率。

四、商务管理经典案例

案例一：社会车辆事故造成的路面损害赔偿

随着路面沥青摊铺工作的不断进展，刚果（布）国家1号公路的通行效率大大提高。社会车辆行驶速度越来越快，加之属地驾驶员行车安全意识差，交通事故时有发生，特别是重型货车与其他车辆相撞或侧翻导致的油料泄露，造成已完工路面的油污损坏。油质在路面会使得沥青与集料分散，在雨水和行车荷载双重作用下，路面逐渐会出现坑槽、车辙等病害，影响路面的使用寿命。

项目积极与涉事车辆所属单位及保险公司联络接洽，及时发送索赔清单，成功索赔近2000万人民币，而路面返修成本仅400万人民币，实现了500%的索赔效益。

案例二：新增工程量清单，实现创收

所谓的创收管理，主要指合同外收入。众所周知，合同总收入=合同总金额+工程变更/签证、索赔、调价等形成的收入（即合同外收入），其中合同总金额是一个固定值，后面的合同外收入只有在符合规定、满足条件时才可以获得，承包商要解决的问题是如何创造这个增加合同外收入的条件。

首先，承包商可以通过不平衡报价方式为中标以后提高收入埋下伏笔；其次，通过变更、索赔和调价来提高效益；另外，现场签证也是企业提高效益不可或缺的一条途径。

刚果（布）国家1号公路项目在施工过程中，巧妙利用变更方式，减少了原有清单中产值低、利润低、工作量繁琐的附属工程量，新增了近20项产值高、利润高的混凝土结构物等的清单分项，提高了施工效率及施工进度，同时实现创收近6000万人民币，可谓一举两得。

第三节 人力资源管理

一、总分包模式下的组织机构

刚果（布）国家1号公路项目的工程项目发承包模式为总分包模式，业主将项目全部工作发包给一家符合要求的总承包单位，便于其对项目进行组织管理，有利于控制工程造价、质量，控制及缩短建设工期。总承包单位根据项目实地情况及属地政策，在遵守当地规范要求的前提下，实行框架式全程管控，按照"总包经理部+分部"的模式进行施工；总包经理部配置全部部门并配置对应的专家，分部主管区段内的施工、技术管理及安全生产工作；总部各部门各体系定期对项目进行巡视，定期组织总体协调会、推进会及专项会议，实时掌握项目动态、及时解决项目问题。同时，完善项目内部体系制度建设工作，形成系统的资料报批制度，做好过程管控。

二、属地雇员招聘与培训

所谓"属地化"，就是用人的属地化，包括管理人员和务工人员，目前主要是务工人员属地化。属地化的发展有两个主要指标：一个是劳动力价格，雇用属地务工人员的成本远远小于从国内引进务工人员，还可以增加当地劳动就业机会，增加社会信任度，降低施工安全治安系数；另一个就是刚果（布）法律法规的制约。

（一）属地雇员招聘

属地雇员招聘要求具备"四证一荐"，即本人身份证明、技术证明、无犯罪证明、健康证明和推荐信。本人身份证明须由当地执法机关出具——解决身份问题；技术证明为由刚方发放的劳动技能证明——解决上岗基础条件适宜问题；无犯罪证明由居住所在地法院出具——解决控制犯罪率的问题；健康证明由当地国家医疗机构出具——解决杜绝传染病源的问题，部分属地雇员手续不完整，与当地国家相关医疗机构不健全有关；推荐信必须由当地政府出具，为将来解决因辞退辞工而引起不必要的法律纠纷作好准备。"四证一荐"资料均存档备案，虽然过程繁琐，但是为项目部发挥了积极有效的推动作用。

企业如需雇佣普通劳工，可通过当地劳动部门、村落首领等发布招聘启事，说明招聘条件、基本待遇、工作地点、应聘方式等；如需招聘有技能的员工，则需到大城市（黑角、布拉柴维尔或者其他大区首府）张贴招聘启事或委托属地的人力猎头公司进行招聘。需注意的是，当地人习惯夸大自己的技能水平，需给予多次且严格的技能检验，经试用期考核合格后，再长期雇佣。

根据属地《劳动法》及其他相关法律、地方习俗，指定企业属地员工管理制度、属地员工招解聘流程及制度，配置专人进行属地员工招解聘工作，确保属地员工招聘工作合法有效。同时，在招聘过程中，要尊重当地人的风俗习惯，遵守当地劳动法及其他相关法律规定，切勿照搬国内模式。同时，要根据刚果（布）《劳动法》规定，根据雇佣形式及雇佣期限，与当地员工签订劳动合同，避免用工法律风险。

刚果（布）《劳动法》对合同签订及解除的相关规定如下：

【签订劳动合同】刚果（布）《劳动法》规定，凡雇用期限超过2个星期的员工，都要签订劳动合同。劳动合同分为定期合同和不定期合同。定期合同期限为1~3年，最短的以一项工作的完成时间为限。依据刚果（布）《劳动法》，不签署合同视为不定期合同。

【解除劳动合同】劳务关系在3个月内为实习期，解除合同不需要理由。劳务关系在3~6个月，解除合同需要理由。劳务关系在6个月以上，需根据合同规定，方可解除合同。通常来说，雇主需在书面警告劳务人员至少3次，并在其签字确认的情况下，才能解聘。

（二）属地雇员培训

刚果（布）整体劳工技能水平偏下，为提高属地员工的职业技能，政府鼓励企业多雇佣当地员工，可通过导师带徒、现场培训班、每日15分钟技能培训等形式，或与当地培训机构合作，对企业属地员工及周边居民进行免费培训，帮助当地青年提高就业能力，同时提高企业的属地化率和属地社会影响力。

如确定录取该员工，在员工入职后，建议对员工进行岗前培训、企业制度宣贯、安全教育培训，特种施工作业前，对其进行技术交底，使得属地员工入职后，能尽快适应企业管理文化，尽快掌握相关技能，尽快成长。

三、绩效、薪酬及人工成本管控

【劳动力价格】刚果（布）《劳动法》和《社保条例》规定：农业工人每月（22天劳动时间）最低工资不得低于4.1万中非法郎，从事工业或其他劳动的一般工人最低工资不得低于5.25万中非法郎，驾驶员等技术工种的工资水平在10万中非法郎左右，而技术员、工程师按不同行业区分，一般为15万~40万中非法郎。此外还需支付社保费用。

【社保费用】刚果（布）社会安全保障基金标准一般为工资额的24.28%，其中除了工人自己要缴纳的4%以外，其余20.28%由业主缴纳，分为业主社保基金8%、业主家庭补贴基金10.03%和劳保、医疗基金2.25%。无论是否同一工种，社保费用针对不同的对象，有不同的收费标准，比如单身的比已婚的低，孩子少的比孩子多的低等。

【最低工资标准】据刚果（布）总统萨苏2015年国情咨文，刚果（布）政府将最低工资标准由4万中非法郎提高至5万中非法郎。

四、班组建设

认真对待和恰当处理与当地劳动监察等相关部门的关系。由于政治、经济和宗教文化等因素的差异，刚果（布）当地劳动监察部门及社保机构在定位与行使职能上与国内相应的机构有着一定的不同。当地的劳动监察组织相对于国内而言较为强势，他们大多采用的是西欧的法律体系，会最大化地为工人争取利益，有时为了博得工人对他们的支持，甚至会加重对中方的处罚力度。加之当地员工文化素质较低，他们更容易相信当地劳动监察部门的解释，有时也会被误导。故我们在与当地劳动监察部门处理关系时，不能一味追求维持良好的关系，更重要的是坚持自己的原则，做到有理、有利、有节。严格按照项目部与属地员工的用工协议来处理问题，如签承诺书，明确补充内容的事项，将劳资双方利益控制在合理化的范围内。同时，我们应与劳动监察部门保持良好的沟通，积极听取他们对项目部劳务管理的建议，了解工人的思想动态，及时化解矛盾，积极争取他们帮助我们一起处理劳务纠纷，取得他们的理解与支持，将罢工、阻工等恶性事件消灭在萌芽状态。

在与劳动监察部门和社保局等相关政府部门打交道的过程中，应积极研读当地法律制度及政府规定，严格按照刚果（布）劳动法案、社保法案处理当地劳务事务。项目综合管理部作为劳务对外事务处理的直接对口部门，应该系统地学习和熟知当地的劳动、社保法律、法规，并且为项目部领导层提供相应的决策依据。但从当时的状况来讲，我们还处在法律、法规学习的初级阶段，不能系统、全面地掌握和运用当地劳动与社会保障规定，常常处于被动的接受状态，或遇阻力到处找关系化解，增加了项目部劳务管理的风险和成本，因此项目劳务管理从业者应提高自身业务水平，积极探索非洲地区劳务管理的规律和方法。

团队建设是影响工程项目成败的关键因素，通过整合项目人力资源，制定并实施一系列结构设计及人员激励措施，从而提高团队绩效。

团队建设是一个长期的过程，受企业性质、工程特色、地域特点、人员构成等各方面的影响，会经历团队组建初期、中期到后期等阶段，应根据各阶段的团队队员表现、工作需求及外部环境变化，对团队组成和管理进行适时调整，不断完善团队。

通过建立系统的项目制度并严格执行，提高团队产出。项目管理机制的选取十分重要，应选取与项目体量、地域及团队配置相匹配的管理体系、制度及方法。同时，制定并施行配套的绩效考核机制，尽量准确地测量项目管理活动的绩效，以便更好地完善管理体系、制度。

项目团队人员数量、能力要和工作要求及工作量匹配，但因海外项目情况特殊，加之应用的规范标准及法律政策与国内大为不同，工作量及难度也与国内不同，应定时回头看、对人员配置及分工进行适当调整，确保项目团队能发挥最大效用。同时，队员不会因工作量大或能力不匹配问题产生焦虑或者负面情绪，影响整个团队。

加强团队队员之间的沟通协作，通过定期组织综合会议及专项会议，形成畅所欲言、有问题协同解决的氛围，工作分责任的同时协同共担，形成和谐、健康、共同成长的良性团队氛围，保障项目施工生产工作。

五、雇员属地化

当地政府鼓励外国企业多雇佣属地员工，促进当地人员就业，提高当地人的经济收入。中国企业要尽量使用当地人员参与企业管理，增加当地就业，促进中国企业发展，并借助他们向当地民众传递中国文化及和谐相处、互利共赢的理念。

刚果（布）的当地劳务技能水平偏低，但因中国劳务及管理人员的人工成本比当地人高出很多，从项目效益、属地化管理、所在国政策契合度及企业长远发展角度出发，应积极推进属地化管理。

在属地管理方面，应坚持以人为本，平等相待，不打骂当地员工，同时尽量提供更衣、洗浴、人性关怀、灵活工时、休假、节日福利等多项便利，鼓励员工长期在公司发展，吸引属地员工就业。

从尽量招聘属地普通劳务工人、配置属地司机等无需太高技能的岗位属地化开始，随后采取"中+刚"模式，中国师父搭配当地徒弟，按照工种，分组定向教授，提高属地员工技能，为项目后期深度属地化打好基础。

虽然刚果（布）的劳动力水平普遍偏低，但也有受过高等教育的管理人员，应适度雇佣该类人员，有利于与当地政府进行沟通，处理好与当地社会的关系。同时，企业属地制度制定的过程中，应积极倾听属地员工及属地管理人员诉求及建议，以便制定出符合当地政策文化、切实可行的企业属地管理制度，促进企业的良性发展。

项目建设期间，为沿线人民创造了近万个就业岗位，从建造理念、施工标准、技术工艺方面全方位培养属地化工程技术人才。项目团队发现沿线村落交通出行不便，便无偿为村民修建进村公路和桥梁，还帮助大家修建学校、饮水和卫生医疗设施……这一项项惠民利民的心意，为当地经济注入活力的同时，改善了民生，促进了中非文化交流，架起了中非友谊"心"桥，以中建央企担当助力大国外交。

第四节　工程物资管理

物资管理涉及物资申请计划、物资采购计划、进口物资采购、清关、仓库管理、领发料管理等各个环节，必须要抓好物资管理系统中的每一个环节，调动系统内各因素的积极性，严格按照公司物资管理办法，确保及时、经济、安全的物资供应与管理。

刚果（布）市场的机械设备、建筑材料、办公生活物资基本来自进口，项目所需大部分建筑材料（除地材外）均需从中国国内或者第三国进口。相比中国国内EPC项目，刚果（布）EPC项目的采购工作显得尤为重要。材料、设备采购费用一般占EPC工程总投资额的30%左右，货物采购的质量、交货期和成本控制工作对实现EPC项目盈利并实现向业主按期、顺利交付承包工程具有重要意义。

采购过程控制在项目实施中具有举足轻重的重要性，是决定项目成败的关键因素之一。应确立采购全流程成本概念，关注整个项目采购流程中的成本降低，而不是单一地针对采购货物或服务的价格。应当从项目采购的全过程来衡量成本上的收效，从项目采购的全过程来探求降低总成本的有效措施，达到对整个项目采购管理工作总成本的控制和降低。只有这样，才能在采购中发掘无处不在的降低成本的机会。

一、工程物资来源

刚果（布）国家1号公路工程项目的工程物资来源主要有以下三种：

1. 中国国内采购

刚果（布）虽然有水泥厂，但产量有限。对于进口不受限制的物资（如钢筋、水泥等），应做好中国国内物资资源价格调研，对物资价格进行询价确认，并从材料本身特性（是否符合海运标准、保质期等等）、重量、体积等因素考虑国内采购发运的可能性，综合考虑海运费用、海运周期，并结合进口海关政策，预估物资到岸价（CIF）。

2. 第三国采购

由于中东地区沥青价格优势明显，项目上进行第三国采购的主要材料就是国际流通较大的沥青及相关产品。在采购过程中充分调研第三国物资资源及价格情况，并通过参考物资价格水平周期性走势、政治稳定性、供货周期、海关政策等因素来制定相关物资采购方案，减少物资采购成本。

3. 属地采购

寻找了解项目所在地周边资源，充分了解相关材料价格，向多家供应商询价并进行谈判，设法破除价格垄断。大宗地材（砂石料）、油料（柴油、汽油）、应急零星材料等物资因其自身材料特性适合于属地采购，并且属地物资可按施工计划分批进场，因此采用属地采购降低资金使用压力。

二、工程物资的采运流程

对于海外项目而言，物资策划尤为重要。在物资策划中，根据所在国别材料市场行情，充分调研主要材料属地价格、中国CIF价格、关税政策、第三国市场价格等，对占项目成本比重较大的材料进行精准分析比较，根据材料采购成本、项目施工计划安排、材料存储要求、材料质保期限等明确物资采购来源，提前做好筹划工作。

1. 中国国内及第三国采购

（1）采购计划编制

根据项目经营和施工组织设计要求，认真分析和研究施工实际需要，严格按照项目总量及年度（季度）需求制定具体采购计划。在制定计划时，要遵循基本量加一定富余量的计划原则，富余量要随工程进展做到前松后紧，反复核对，做好需求总量控制。具体计划编制应安排有高度责任心、有丰富实际经验的技术人员负责，明确分工。计划编制应提前1~2个月，一般从下达采购计划到货物运抵项目现场需要3~4个月，遇到一些意外情况时就需要更长时间。

（2）物资采购

根据提交的采购计划按物资类别分类，编制招标清单和招标计划。专业性材料应单独招标，最好选择专业公司，能够确保产品质量，降低采购成本。招标、询价文件由技术询价文件和商务询价文件组成。技术询价文件主要包括请购单、需求数量表、技术规格说明书、相关图纸。商务询价文件主要包括供货基本合同条件和报价表。在编制商务询价文件时，要强调供货商必须满足的条件。在定标之前，需要与供货商进行多次技术澄清沟通（会议方式、邮件方式），这些会议由物资设备部牵头，工程管理部及其他相关部门参加。定标以后，与供货商签订采购框架协议，后续签订采购合同，并进行物资备货发运。

（3）物资海运

国内货运公司收集汇总货物基本信息后，查询相应时段的船期及舱位，拟定发运方案（包括拟装船的时间、港口、舱位或配箱情况、海运费及港杂费报价等），由公司物资设备部审核通过发运方案后，通知货运公司订舱，并将集港通知（集货的地点、预计的时间、接货人联系方式等）告知相关供货商。供货商运输货物集港，提交货物的中英文装箱明细单（必要时需提供货物照片的电子版）和出口商检换证凭单。货运公司负责集港卸货，办理交接清点，检查货物的外观、包装是否满足清关、海运和装卸的要求，并出具海运提单。

（4）清关、公路运输

根据刚果（布）的清关要求，提前办理清关所需的文件（该国家办理清关手续一般需要2周左右时间），由当地清关代理公司办理清关，避免产生滞港费用。清关完毕后项目部要保存清关文件，包括海关信函、通关申请表格、整套进口的文件（发票、装箱单、产地证明、海关税单等）。

根据货物清关进展情况，通知公路运输公司运输货物到工地。为保证货物的安全，将原箱直接发往工地仓库后卸货，避免在港口掏箱后转运。如果工地自有拖车能调剂出来，也可以安排去港口拉集装箱，可减少运输成本。

2. 属地采购

（1）采购计划编制

项目工程部根据工程节点编制季度/月度生产进度物资需用计划，物资部根据国内和属地资源情况进行价格对比，确定属地采购物资清单，经相关部门及领导签字后，在属地进行物资采购。

（2）物资采购

项目物资部根据提交的采购计划按物资类别分类，确定物资招标采购方案，由于当地物资资源有限，对于大宗材料，大多数都采用邀请招标或直接议标采购。潜在的供货来源包括：业主的供货商名单、投标阶段向其询过价的厂家、刚果（布）当地有实力的供货商等。确定供货商名单时需积极和业主方沟通，综合考虑当地的资源状况、对工程进度和质量的影响以及采购成本，邀请多家供货商进行报价。专业性材料应单独招标，最好选择专业公司，能够确保产品质量，降低采购成本。定标以后，与供货商签订采购合同，合同中需说明由供货商提供运输服务，到场物资检验合格后才结算货款。

（3）物资进场验收

属地购买的物资到达项目后，由物资部材料员、现场工程师共同参与验收核对，验收内容包括：物资订单计划到货清单，进场物资名称、规格型号、数量、质量情况，随货的产品质量合格证（产品说明书）等，验收合格后，由材料员填写相关资料并做好台账。需要实验室做试验的材料，由工程部通知实验室取样并出检测报告，必要时通知监理工程师共同参与产品质量的检验。

三、现场管理

1. 物资仓储管理

材料遵循"分类存放，集中管理"的原则。即：大宗材料物资要支垫、齐头、分层堆放，散料要成堆成丁，受大气影响怕潮以及易散失、变质的材料物资要入棚，贮存材料物资有明显标识，保证账、卡、物三相符。对有追溯要求的材料物资（如钢材、水泥），做到批号、试验单号、使用部位等清晰可查；材料物资堆场和库房地面平整，排水畅通。项目材料员负责所有材料入库、出库、调拨，库房设库管员，库管员做好日常库存管理及库存动态管理工作，坚持自点和定期盘点并填写库存月报上报给项目材料员，项目材料员每月报月库存报表。

现场的水泥、砂石料，材料员负责检验质量与数理，并登记入账（到现场的大宗材料，详细用汉语注明材料名称、数量和收货日期）。严格物资出入库管理，入库时材料员按时按量将材料登记入账，出库时认真填写领料凭证（小票），注明使用部位、规格型号、数量及出库时间，做到单据齐全，保管完整。

及时清理仓库、压缩库存。不允许长期或过量地存放材料。项目物资部对库存物资的有效性进行控制，防止失效、过期、无法保证安全使用的周转料、安全劳保用品等盲目使用，及时鉴定清理。制定仓储管理制度，从制度上改变过去那种以大库存保生产的错误观念。

2. 物资系统的内控管理

由于物资材料成本占项目成本的50%~60%，所以物资系统的内控是非常重要的。物资人员需要注重量价对比，"量"指工程总体用料计划的量、合理储备量、采购量与现场领发量；"价"指采购单价，即中标合同单价、最高限价。加强现场的点验、内部调拨点验及月末盘点，内控重点在金额大的主要材料（钢筋、水泥、木材、砂石、柴油等），调拨领料单采用先进先出法。规范使用单据，不同地区间用调拨单，同一个项目部的采用领料单。

通过制定内部控制管理考核及其责任追究制度来强化执行力，明确相关部门及员工在内部控制管理工作中应承担的责任，加大员工内部控制管理制度执行情况的考核力度，对工作责任心不强、完成不力，以致造成后果的人员进行责任追究，以此增强各级管理人员的内部控制管理意识，提升管理人员的业务水平和对内部控制管理制度的履行意识。

第五节 工程设备管理

一、工程设备来源

工程设备来源主要有以下几种情况：

国内采购：目前海外工程项目的工程机械大部分为国内采购，国内大型工程机械设备公司近年来也在积极开拓海外市场，在大部分国别都设立了相应的海外销售及售后服务网点，并建立了配件仓库。这更加有利于项目采购使用国内品牌机械设备，可以减少项目配件储备，降低项目资金压力；并且一旦机械发生故障，可以第一时间得到技术服务。目前土方机械及路面设备都与国内大型生产厂商实现了战略合作，如三一重工、中联重科、山东临工、厦门厦工、北京福田及中国重汽等；沥青场站及配套设备购自廊坊德基及浙江美通等知名企业；碎石筛分成套设备选自上海远通及上海磊友等专业公司。

属地采购：根据所在国别的市场情况、海关关税政策，可能存在无法进口只能从属地采购的情况；另外部分设备可能在所在国别市场占有率高，进口关税低，设备质量和价格较有优势，无论从采购价格和后续维修保养配件成本考虑，属地采购更加适合。

企业内部调拨：设备不同于材料，在良好的使用保养下，一个或多个项目周期结束后，设备情况依然可能良好。如果其他国别项目有设备需求，综合考虑海运运输费、清关费及关税成本，若综合成本较低，可考虑内部调拨。

属地租赁：根据所在国别设备租赁市场情况，在租赁市场活跃，而项目工期较短的情况下，属地租赁能够减少项目大额资金投入，降低机械使用成本。

二、工程设备的现场管理

设备管理是项目提高效益的基础，在项目施工过程中，设备管理的主要目标是为项目提供优良及完好的机械设备保障，保证项目施工的顺利进行，从而提高生产效率，保证施工质量，降低生产成本，做到安全文明施工，最终使项目获得最大的经济效益。

设备进场前的前期配置在遵循"满足需要、经济合理"原则的前提下，尽量"宁多勿少"，有一些富余储备，这一点不同于国内施工项目。非洲大部分地区属于资源匮乏的欠发达地区，这里的基础建设十分薄弱，工业非常落后。当地设备租赁行业市场化程度不发达，竞争企业较少，设备租赁市场价格虚高，租赁基本没有优势。租赁设备可以暂时解决施工生产的短期需要，有利于提高设备利用率，减少设备投资。但是过度依赖外部租赁设备存在很大的市场风险，不能完全满足施工项目在质量、进度等方面的某些特殊要求，影响企业的后续市场竞争力，日常租金支出较大。例如莫桑比克贝拉地区在租方提供燃油的情况下：①稳定土拌合机国内采购价格530000元，加上35%海运及清关等费用总计约715500元。属地的租赁价格竟然达到50000MT/天，按照1∶10的汇率最终每月的租赁费用高达15万元。②三一挖掘机SY235C型国内采购价格85万元，加上35%海运及清关等费用总计约115万元。属地的租赁价格为30000MT/天，按照1∶10的汇率最终每月的租赁费用为9万元。如果前期设备配备不足，再联系从国内或第三国购买，一则周期长，耽误工期；二则费用也会增加很多。

非洲等较落后国家机械设备被属地员工偷油现象较为普遍，监控起来比较困难。对此，项目将设备油箱盖加锁，钥匙由油库管理员统一保管。另外每日工作前根据当日工作量限量加油，并且用标尺将油箱内的油面高度记录下来，收工后再核对。

做好各类机械设备技术资料的收集与保存工作，进场的设备配件及时验收入库并保留验收资料存档，所有公路行驶车辆车产权证、行驶证等资料均扫描保存。同时完善设备管理台账、维修保养计划及设备检查记录，整理归档，做到有据可循，有资料可查。

机械配件的管理也非常关键，对设备的正常使用至关重要。首先是配件库的管理。配件库必须要有专业的库管，要熟悉各种设备配件。库管将所有到场的配件按照清单清点完，并按装箱单分设备、分类别摆上货架，要求摆放整齐、牢固，标识清晰，切不可图一时省事，随便堆放。等过一段时间，谁也说不清楚配件情况，一旦机械出现故障，需要更换配件时，盲目从国内空运急件，既增加费用又耽误现场施工，得不偿失。配件还要做到定期盘存，账物相符。其次，配件采购计划要有前瞻性，而且要考虑周全，否则会严重影响设备的正常使用。这就需要设备管理人员根据现场施工进度情况和设备的使用情况在理清库存配件的基础上，定期不定期地做好设备配件计划。注意国内配件采购计划一定要考虑提前时间（国内招投标、开标、备货、报关、船运、清关），而且计划一定要标清设备名称、生产厂家及零件号，部分配件要附照片，务必保证进场配件的正常使用。少数非易损的急需配件，可报国内采购部门办理空运或者人员携带。

润滑油料的采购及消耗问题值得注意。项目在申请采购机械润滑油时通常按照单台设备的工作时间或行驶里程×总设备数×总工期内保养次数=最终计划量。经过经验的积累，事实证明这样的做法是非常错误的。首先是机油，在使用过程中随着发动机工作时间的增加，发动机内由于高温氧化、零件磨损等因素的影响，机油在使用中的消耗量也会逐渐增加。其次是液压油，随着设备工作时间的增加，液压系统及各液压管路均开始老化，经常发生爆管及漏油现象。清洁的液压油是液压系统的生命。因为液压系统的工作压力非常大，各类机械设备在负载作业时由于经常爆管造成液压油的大量泄漏，尤其矿山作业的设备比如潜孔钻机、破碎锤挖机等，因其作业环境差、震动频率大，在施工时空气里的粉尘及杂质会进入油箱，导致油品加速变质，更换周期提前。所以液压油的损耗量也是相当巨大的。再次是齿轮油，其更换频次较低，变速箱、差速器、减速器等齿轮油因其密封性好、发生泄漏的状况较少，基本没有缺失，每次例行保养时用量也不大。因此在后期项目的油料采购计划中液压油的使用量 > 机油使用量 > 齿轮油使用量，机油、液压油等根据作业环境及使用频率务必要把损耗考虑进去。

三、设备维护与保养

1. 通过培训提高操作人员的技术水平。随着工程机械的种类更加齐全，结构更加复杂，对工程机械操作人员的要求也有新的提高。项目多次组织维修及操作人员参加设备厂家的培训及学习，以提高操作与维修人员的技术水平及能力。操作人员良好的技术水平可以在很大程度上提高工程机械的利用率和完好率，避免因人为因素造成工程机械的损坏。

2. 贯彻落实项目《机械设备管理办法》，实行定机、定员、定岗的"三定"制度，让每台机械都有专人负责保管、检查和操作。由于"三定"制度是机械化施工生产和设备管理的基础，其执行的好坏将直接影响到机械设备的完好率和利用率。因此，在执行过程中尽量不要随意变动操作人员的工作岗位，以免影响操作手对机械设备性能的了解及掌握程度。

3. 设备投入使用之前，每台设备均配置一个保养卡片，以提醒相关操作人员按照保养卡片提示的保养时间或公里数按时保养，本次保养完成后填写该设备下次保养的时间或公里数、保养内容等，便于设备及时得到保养。投入正常使用后，设备管理人员将会定期和不定期对机械进行检查，督促班组长重点关注每台设备操作手班前及班后的例行检查与保养。

4. 在工作中发扬团队合作精神，根据现场需求就地取材进行小改小革、修旧利废等，有效提高设备利用率，节省劳动力，节约资金降低支出，为项目创造了直接与间接的经济效益,获得了公司QC成果三等奖,并多次获得实用新型专利证书等。

第六节 工程质量管理

一、质量管理计划与执行

质量方针:"过程精品,质量重于泰山;中国建筑,服务跨越五洲。"
工程质量目标:合格工程。

二、质量管理体系

按照ISO9002标准及中国建筑质量体系要求,切实贯彻执行中国建筑质量方针,建立项目质量体系和工程项目经理部质量责任制,明确从项目经理、项目副经理,到各级质检、管理、试验、技术、操作人员的质量责任,明确各职能部门的质量职责,明确项目施工过程中的质量控制环节及质量监测点,制定具体的监控措施,制定各作业班组的作业指导书,明确执行者和检验者,用工序质量保证项目质量,以工作质量保证工程质量,实现计划质量目标。

为加强工程质量管理,本单位成立以项目经理为首的二级质量管理体系。即:

第一级质量管理体系主要由各标段分包或专业分包负责人以及班组质检员组成,负责本标段分包或专业分包在施工全过程中的质量测量、检查及控制、质量资料的收集。

第二级质量管理体系由项目经理部项目副经理以及质检部门组成,负责对本工程的重点部位和关键工序制定技术、质量控制方案,定期对工程质量进行检查、评比,从而保证工程质量目标的实现。

成立项目经理部质量管理领导小组,由项目经理担任组长,项目副经理任副组长,其组员由项目经理部各职能部门负责人构成。质量管理领导小组下设办公室。

项目经理部质量管理领导小组负责本项目的日常质量管理工作,对各质量工作进行监督与检查,对出现的质量问题,项目经理部质量管理领导小组有权根据实际情况下发停工指令,整改达到质量要求后,经质量管理领导小组签发复工指令后才能开始施工。

质检工程师负责其所管区域内所有工程质量,对所管辖区域内各施工队出现的质量问题,必须及时上报项目经理部质量管理领导小组,未做出处理方案前不得开工。

第七节　工程安全管理

一、项目安全管理概述

在非洲项目施工管理中,安全问题是一个极为重要的问题,需引起高度的重视。因所处的自然环境、社会环境(包括政治、经济、法律、风俗习惯、地理气候、施工理念、惯常做法等)、人文环境及局部安全状况与国内有很大的不同,安全管理的外延扩大,内容更加复杂。诸多不可控制的因素为项目的安全管理工作带来了一定的难度,如何确保海外超长线性工程安全管控发挥应有的效力,是提高项目安全生产管理水平的重要课题。

项目所处的施工环境较为恶劣,为保证项目的安全生产,必须加强项目的安全管理。结合项目的施工环境、特点,采取一系列有效的、有针对性的措施和对策,来预防和减少安全事故的发生,保证项目的顺利进行及人员的人身财产安全。

安全保证体系方面,根据项目组织机构的策划,按照总包经理部强化安全规则制定、导向能力,分部、工区及场站强化安全措施及隐患整改执行、落实能力的原则,发挥项目总包经理部安全部门的安全规则制定、引导、现场风险识别把控、绩效考核功能,并强化总包经理部内业资料整理、建档、迎检等工作能力;分部、工区、场站安全部门,主要落实项目经理部的各项安全生产规定、指令,按时、高效地进行安全管理工作,从繁杂的内业资料中抽身,全力投入现场管控。

在制度建设方面,健全安全生产责任制,落实安全生产责任,制定并严格执行各项安全规章制度,形成了全员、全方位、全过程参与安全管理工作的局面。在安保方面对项目所面临的安全风险进行分析、梳理,建立了系统、全面的安全管理体系。在教育培训方面结合项目实际情况组织开展了各项培训教育,确保项目员工具备相应的安全防范能力及安全风险处置能力。针对项目充满多样性、随机性和复杂性的交通问题,制定了各项措施,做到层层把控,全面治理。严格落实安全检查制度。通过安全检查提高了认识,了解了情况,发现了问题,排查了隐患,加强了项目沟通,增强了安全防范能力,推动了安全工作,促进了安全生产。根据项目的具体情况、危险性分析、工程规模,编制了各项应急预案,建立了符合项目自身状况的专门应急队伍,并加强对应急队伍的应急演练及业务培训。突出抓好"劳资纠纷"的处理工作,及时妥善地化解矛盾,为项目安全生产工作打下了良好的基础。面对非洲安全物资匮乏、供应不及时等问题,开拓思路,变废为宝,循环利用,加强了施工现场的安全防护。

面对超长线性工程复杂的安全管理环境，本着"预防为重，遇事不慌，损失降最小，事后追责任"的原则进行安全管控，在执行中不断总结经验教训，纠偏项目各项管理措施，确保项目的平稳运行及中方人员的人身财产安全。

二、施工现场的安全管理

1. 项目机构组织及制度

项目部应建立安全责任、安全教育、安全奖惩、安全检查、风险管理等一系列安全管理制度，成立项目安全管理委员会、项目管理层、项目安全管理人员、基层员工等安全管理层级。通过一系列的安全管理制度来约束项目员工的行为，明确各层次在安全管理工作中的主体地位，清楚各自在安全管理工作中的职责。有了完善的制度，还要紧抓制度的落实，以项目经理为安全生产工作第一责任人，做到纵向分配到岗位、横向分配到部门。

（1）健全项目的组织机构，明确各部门组织职能划分，增强各部门之间的组织协调能力。

（2）制定各项制度，例如《营区保安安保制度》《安全奖罚制度》《劳保用品管理办法》等。

（3）落实各部门及各岗位人员安保责任制，加强监督管理，纠正项目安保管理中存在的问题。

2. 营区、施工现场安保管理措施

根据非洲项目所面临的风险，海外项目务必加强对营区、施工现场的安保管理工作。

（1）营区周围设置隔离栅栏、刺丝、岗哨、探照灯、壕沟、警卫室等一系列安保措施。

（2）营区外围及办公区、住宿区、仓库、食堂、停车场、油库等地安装监控设备，安排专人24小时进行监控。

（3）营区四周配备武装安保力量，全天候值班巡逻，监视营区周边安全状况，并及时与安保负责人沟通交流，做到动态管理。

（4）严格执行营区安保制度，落实车辆、人员出入营区的管理。

（5）在门卫室或营区合适地点安装报警器，如遇突发事件第一时间警示通知。

（6）保持好与当地警察、交警、士兵等的关系，互利合作。

（7）安排警察每日对施工现场进行巡查，保证安全生产工作顺利开展。

（8）工期较长的施工区域，部署武装力量定点常驻，保证施工现场的安全稳定。

（9）加强与业主及中国驻刚果（布）大使馆的联系，发现安全风险及时与业主、驻地大使馆沟通、联系，并发布预警信息。

3. 加强安全教育培训

安全教育培训是一项确保项目员工具备相应的安全风险防范能力及安全风险处置能力的有效措施。由于非洲项目属地工人文化水平普遍较低，安全意识较差，安全责任心不强，更应加强对属地工人的安全教育培训，根据项目实际情况定期组织开展安全教育、入场安全教育、交通安全教育、出行安全教育、节假日安全教育、安全警示教育、疾病预防安全教育、日常安全教育、管理人员每月安全教育培训、中国班组长安全教育培训、过程安全教育等各类安全教育培训，且每日上班前班组长按要求为属地工人开展班前安全活动教育。

4. 偷盗抢劫事件预防措施

施工现场内的材料、小型机具，自卸车的油料经常丢失，主要预防措施如下：

（1）每个施工点至少安排3名属地保安看管现场的机具、材料，在每日上下班交接时，必须对现场的机具、材料的数量进行清点，并让属地保安签字。

（2）在人员较为密集的施工段落，如集镇处、市区段落，须增派属地保安，并联系施工段落的警察局，请求警察局安排警力协助属地保安看管好现场的材料。

（3）所有自卸车辆、机械设备的油箱安设防偷盗措施并上锁。

（4）通过调查分析，下达项目正常油耗指标，每月统计所有机械设备的油耗，通过对比油耗偏差差异，对油耗较高的设备，查明是属于设备原因还是偷盗原因，采取相应措施处理。

（5）自卸车班组长、管段班组长每日对油箱油量进行测量并做好上下班交接工作，查看油耗是否正常。

（6）一旦发现现场材料、油料等丢失，立即报警。如是我方作业人员监守自盗，按照项目制度进行罚款，情节严重的送往警察局。

5. 交通安全管控措施

由于当地交通道路设施落后，城市车辆、人流密度大，交通条件恶劣且非洲当地交通法规和交通标志与国内的交通法规大多数有所不同，这就为国内司机带来很大的障碍。其次非洲项目近一半驾驶操作人员为当地司机，驾驶习惯、安全意识方面存在一定差别，语言沟通不畅，给管理沟通带来一定的困难。充满多样性、随机性和复杂性的交通问题造成了道路交通的风险高、风险难度控制大，交通事故发生的不可预测性强。交通安全管控措施，主要从车辆安全性能、安全培训、路况安全性等方面入手。

（1）车辆驾驶员招聘方面，驾驶员入场前，须经过层层考核，通过筛选，将经验丰富、技能娴熟的驾驶员招聘进场，宁缺毋滥。

（2）安全培训方面，加强对驾驶员、操作手的安全教育培训，编制驾驶员安全教育手册，建立相应的交通安全规章制度。

（3）车辆安全性能方面，主要的措施是各分部、场站配置专业维保班组，每日对车辆性能情况进行检查维保。刚果（布）车辆配件存量有限，项目各分部、场站应按计划做好后视镜、挡风玻璃、刹车片等安全装置的储备量，确保损坏后能够及时更换；科学配置车辆安全设施，包括灭火器、备用轮胎、急救箱、劳保手套、拖车绳、警示标志等等。

（4）路况安全性方面，尽早拉通施工便道，确保施工便道的平顺性。要求施工车辆必须在施工便道上行驶，减少与外界车辆的相互干扰；引入便道与既有道路交叉时，必须设置交通指挥员并固化，由现场安全员进行管理，确保指挥手势规范，时时在岗。组织人员对施工车辆通行路段内的路况较差、坑槽较多处的路段进行填补、维修，保证车辆正常平稳行驶。

（5）安全监管方面，对车速、车距、疲劳驾驶等方面严格把控。合理安排交通岗、交通指挥员确保交通的顺畅。定期对车辆进行检查和保养，制定相应的车辆使用管理制度和注意事项，严禁车辆带病上路。

6. 完善应急管理机制

根据所在国的具体情况、危险性分析、工程规模编制各项应急预案。应急预案应有可操作性及针对性。建立符合项目自身状况的专门应急队伍，并加强对应急队伍的应急演练及业务培训。建立与地方政府、卫生机构、警察局、交警等部门之间的协调联动机制，发挥其在应对突发事件时的作用。

（1）完善各项应急预案，强化安全预案的操作性、易掌握性，提高应急的主动性。

（2）项目部定期组织应急演练活动，通过反复的演练提高项目员工面对突发事件的反应能力、反应速度。

7. 安全物资保证措施

针对项目安全物资匮乏、供应不及时等问题，增强施工人员对安全物资的保护、保管意识；对损坏的安全用品及时回收、修复，以便二次利用；利用现有安全用品制定合理措施应用到施工现场中去；参考相关规范制作相应安全用品（如安全警示标牌等），保证施工现场的安全生产。

8. 项目安全监管措施

严格落实集团公司及项目制定的安全检查制度,项目部主要开展了日常巡查、周检查、专项检查、月度检查、节假日检查等,针对在安全检查中发现的安全隐患,下发《隐患整改通知单》要求受查单位负责人对安全隐患定人、定措施、限期完成整改。

日常巡检每天不少于2次。通常为安全管理人员巡回安全检查,施工班组班前、班中、班后岗位过程中的安全检查,各级管理人员、施工队长、责任工程师在检查生产的同时安全检查。

每月组织不少于4次的周检查。每周由项目经理组织,生产经理、总工、各部门经理、管段责任工程、安全管理人员参与,对各营区、场站、施工现场进行安全检查。

项目部月底根据现场检查情况,对存在的问题进行分析研究,制定有效的治理措施,督促落实。

针对本项目所在地的施工环境、特点,项目部每月至少组织一次专项检查。

9. 危大工程安全风险管控措施

(1)项目部成立以项目经理为组长的施工方案专项治理活动领导小组。

(2)强化施工现场的安全管理,落实项目的作业人员的安全责任,提高作业人员的安全意识。

(3)结合项目施工内容、施工工序,对路基工程、模板工程、脚手架、起重吊装及安装拆卸工程等分部分项危险性较大的工程进行自查自纠。

(4)要求施工前必须编制施工方案,必须按规定进行审批或论证,施工前必须进行安全技术交底,施工中必须按施工方案施工,施工完成后必须经过验收合格后方可进入下道工序。

10. 定期召开安全例会

安全例会是对一周安全工作的总结,由项目领导和各部门负责人及施工技术人员参加,通报、研究、协调、处理本周出现的安全问题,提出并讨论下周安全工作重点及相应控制措施、方法等。

11. 做好成品保护工作

对新铺沥青路面非自然损坏、人为沾染油污、有杂物等问题,积极查明原因并联系当地警察进行报案、做笔录,安排人员对路面进行清洗、打扫。

第八节　环境保护管理

一、环境保护管理概述

在公路的建设与营运管理当中，会涉及诸多材料利用和环境问题，要做到公路建设与环境保护的协调发展，必须针对地区公路的地理特征、环境特点及生态环境研究制定交通建筑材料利用和环境工程的系列标准。

针对刚果（布）国家1号公路线路所处地理环境的特点，为确保最大限度地保护环境、节约能源和资源，在项目设计和施工过程中，在保护森林，维护自然生态；推陈出新，治理水土流失；生态防护，打造绿色工程；废物（料）处理，杜绝环境污染；就地取材，节约能源五个方面采取了相应的措施，充分体现绿色施工理念和企业的社会责任感。

二、环境保护管理措施

1. 环境保护设计措施

（1）规划管理

为节约建设用地宽度，填方路段在保证线路纵坡要求的前提下尽量采取低路基设计，原地面横向坡度较陡时采用坡底护墙设计；挖方路段在保证边坡稳定的前提下采用较陡坡率设计，以减少公路用地范围，最大限度地减少对原始森林、植被的破坏。

（2）路线设计环境保护措施

路线设计方案以"不破坏就是最大的保护"为原则，对生态环境坚持最低程度的破坏和最大力度的保护，使工程建设顺应自然、融入自然。勘察设计时对沿线动植物习性进行了详细调查，路线避开了环境敏感区和生态保护区，例如在选择路线与大洋铁路交叉方案时，充分考虑了动物迁徙等因素，采用桥梁上跨铁路并设置动物通道的方式，使工程对自然环境的影响降到最低。

（3）砂性土路段环境保护设计措施

针对砂性土路段，充分考虑岩土组成特性、区域气候环境、地质条件复杂以及降雨强度大等特点，采用在边坡上种植香根草等方式进行边坡保护，通过设置边沟、截水沟、蒸发池等方式完善排水系统，减少对砂性土路基的冲刷破坏，在进行路基防护的同时也美化了环境。

（4）边坡防护

全线30m以上的高边坡就有70余处，路线经过地区的岩性有砂岩、灰岩、砂砾岩、风化页岩、泥岩等，边坡放坡时本着"不破坏就是最大的保护"的原则，对有绿化条件的尽量采用当地灌木绿化，对于不适宜绿化的边坡，不强行绿化，全线尽量避免采用支挡结构物，在确实需要的情况下，也采用绿化的方式遮蔽。该项目在应用生态防护时提出了以下原则：

①边坡高度小于10m的路堑边坡，边坡放缓到1∶1以上，坡顶坡脚倒圆弧，在边坡上植草皮或喷草籽防护。

②对稳定的土夹石边坡，坡顶坡脚尽量倒圆弧，当坡面有造型美观且坚硬的孤石时，将岩石保留下来，不强行在岩石表面绿化，保持其天然形状，并对周边土质或强风化岩质植草绿化，使坡面天然和谐。

③对边坡高度较大（大于20m），且岩性完整、较硬的路堑边坡，为减少开挖占地，最大限度地保护原有植物，边坡尽可能陡（放陡到1∶0.5~1∶0.3），在坡面开挖的过程中严格控制爆破作业，减少对岩石层理的破坏，坡面岩石不强行绿化，为保证行车安全，防止掉块，对有局部破碎的岩块采用主动网防护，边坡留出3~4m的平台，种植一些当地的攀缘植物。

④锚固框架梁边坡主要对框架梁进行结构优化，改变国内硬板的做法，坡面其余部分绿化修复。

⑤对于高度较小（一般小于15m）且需封闭处理的强风化岩类，借鉴国外经验，坡脚采用装配式。

2. 施工环境保护管理措施

（1）因地制宜，就地取材

项目沿线普遍存在红土砾料，根据其水稳定性好、强度高的特点，路面结构设计时提出采用红土砾料代替级配碎石的方案，经路面计算和多次试验，成功将该材料应用在路面底基层中，减少了因石料开采对环境的破坏，并有效降低了工程造价。

（2）严格控制树木砍伐

测量人员准确施放线路用地红线，标注需砍伐的树木，伐木作业人员根据测量标注严格控制树木砍伐数量，有效保护森林资源。根据工程完工后的统计，1-2合同段56km森林路段，树木砍伐仅350棵，按平均用地宽度25m计算，平均1000m^2砍伐树木仅3棵。

（3）严格控制便道用地

为防止现场施工人员随意开设施工便道，破坏环境，项目部规定便道开设必须编制开设和恢复方案，报项目总工程师和项目经理批准后方能实施，同时要求尽量采取施工便道与主线共线、分幅施工的措施，以减少施工便道对生态环境的破坏。

第九节　社会安全管理

一、项目社会安全管理概述

项目社会安全管理包含但不局限于在施工生产过程中的"人""机""物""法""环"管理，项目所在国的政治风险也是必须考虑的。因此谈及社会安全管理及反恐，往往首先解决政治风险，据海外安全管理工作的长期经验，在初期解决政治风险的同时，也基本完成反恐管理工作思路构建，最后才是项目的社会治安。

政治风险指由于东道国政局的变化，导致投资环境的变化，从而给中国企业的投资活动造成损失的风险。政治风险历来是投资者进行对外直接投资时首先要考虑的重要因素，东道国政局的变动与战争、东道国制裁与保护主义政策以及国有化都会对我国企业产生影响，甚至危及到企业的生存。尤其在军事政变、内战和边界冲突相对频繁、逢大选必乱的非洲国家进行投资，就更要重点考虑政治因素。

例如，2011年2月利比亚骚乱导致中方驻利比亚的企业陆续停止施工，中国政府也开始了有史以来最大规模的海外撤侨行动。据《中国经济周刊》2011年5月24日消息，这次利比亚骚乱致使中国企业遭受的直接损失高达1233.28亿元人民币。这一方面暴露了中国企业缺乏风险管理意识，另一方面也说明了政治风险的难以预测性和巨大大破坏性。

为有效管理政治风险，首先应对东道国政治风险进行评估，加强尽职调查，从宏观方面对东道国政府目前的能力、政治风险的类别及稳定程度进行调查分析，以确定风险程度，分析判定其总体政治形势，并确保与正在寻求投资非洲的中国企业共享这些信息。同时要制定完善的风险防范预案，有效规避各种政治风险。

在对东道国和自身情况进行全面分析后，适当选择对资产投保政治险，将该风险进行适度转移。

同时，要争取与东道国政府、银行、企业的资本融合，与东道国各方利益紧紧绑在一起，形成利益共同体、命运共同体。

最后，要加强中国企业属地化经营步伐，增加当地人员的就业机会，提高社会回报水平，与当地政府和民众建立良好的关系。

二、社会安全管理措施

建立社会安全管理措施专项预案和有效的管理制度与机制，将社会安全管理的执行落到实处。

明确社会安全管理职责,将每项管理要求落实到对应责任人身上,使管理制度执行起来达到它应有的效果。

做好外联工作,与当地有关部门形成良好的沟通机制,用以应对突发事件的发生。建立起政企合作的良好局面。

结合项目实际情况,加强项目属地化经营的力度,增加当地人员的就业机会,提高社会回报率,建立起良好的舆论导向,给予当地人员安全感。

建立属于项目经营的社会治安保护力量储备,以备突发事件发生,当地执法部门无法第一时间到来时的自我保护。

定期组织开展社会安全管理专项应急演练,积累相关事件的处置经验,形成总结报告。

第七章 关键技术
Chapter 7　Key Technology

在项目建设过程中,项目管理团队联合清华大学,开展八项课题研究,形成了桥梁关键技术、岩土工程关键技术、绿色建造技术、混凝土耐久性关键技术、测绘数据综合管理平台、三维虚拟地理环境系统技术、BIM技术应用及国际EPC工程项目风险管理辅助决策支持体系技术。借国家"一带一路"倡议的东风和平台,通过课题研究、新技术运用和推广,助推一批中国技术和中国标准走出国门,提升"中国建造"影响力。

第一节　桥梁关键技术

钢结构桥梁具有强度高,跨越能力大,适于工厂制造、工地拼接,施工周期短且不受季节影响,便于运输,钢结构构件易于修复和更换等诸多优点,适合刚果(布)国家1号公路建设的实际需要。在二期工程中,有多座64m标准跨径的钢-混凝土组合梁桥和1座上承式钢箱拱桥(Loukouni桥)。选取其中1座典型钢-混凝土组合梁桥Djoué桥(图7-1)和Loukouni桥为研究对象,从整体性能、细部设计、施工控制等多方面开展对公路钢结构桥梁的研究,可以有效保证刚果(布)国家1号公路钢桥的建设质量,得到具有安全性和经济性的最优方案,在细部构造和施工技术的研究上有所创新和突破,同时还有利于提高我国在建或拟建公路项目的建设技术水平,并为相关规范、规程的修订和完善提供技术和工程实践依据。

图7-1　Djoué桥效果图(资料来源:刚果(布)国家1号公路二期工程关键技术结题报告)

一、基于欧洲规范体系的钢-混凝土组合梁桥相关研究

钢-混凝土组合梁桥在国内外都得到了较快的发展和应用,欧洲规范体系中新增了一部目前世界上唯一的钢-混凝土组合结构桥梁规范(EN1994-2:2005)。如何在国内已有的钢-混凝土组合梁桥设计和施工技术基础上,充分考虑欧洲规范的设计理念和构造措施,显得十分重要。相关研究分两个步骤进行,首先使用桥梁专业设计软件重新建立模型,采用欧洲规范和中国规范分别复核Djoué桥的设计方案,并从混凝土板有效宽度、截面塑性分析规定、弯剪共同作用、剪力连接件设计、钢梁稳定及疲劳设计等几个方面进行详细比较分析。

结果表明,欧洲规范考虑的输入荷载值较大,使用欧洲规范验算所得结果是偏于安全的。在此基础上,采用通用有限元软件ANSYS建立钢-混凝土组合梁桥的三维模型,在欧洲规范框架内,对Djoué桥进行由整体到局部、由设计到施工的全面分析,包括:

(1)优化钢-混凝土组合梁桥的结构,对钢梁、混凝土板、剪力键的形式和布置提出新的思路。

(2)针对Djoué桥的典型细部构造,进行充分的参数分析,得到典型细部对整桥性能的影响规律,从而得到优化的细部构造尺寸。同时,考虑到刚果(布)地区的交通荷载密度较大,钢桥的疲劳问题也将相对突出,因此选取典型的疲劳细节,进行足尺疲劳试验,以对桥梁进行疲劳评估。

(3)对施工过程进行数值模拟,复核施工方案,提出施工辅助设施的优化方案。

二、上承式钢箱拱桥相关研究

钢拱桥以其结构自重轻,水平推力相对较小,造型美观,施工快捷等优点,在中等跨度及大跨度桥梁的建设中占有重要地位。然而在国内已建钢拱桥中,下承式和中承式居多,上承式钢箱拱桥较少。这种状况的出现,主要是因为在上承式钢箱拱在设计和施工等方面还有许多问题需要改进和完善,主要有以下几方面:

(1)上承式钢箱拱桥结构设计中的整体和局部屈曲分析。

(2)上承式钢箱拱桥施工及成桥阶段的极限承载力分析。

(3)上承式钢箱拱桥施工控制关键技术。

以Loukouni桥为工程背景,采用通用有限元软件ANSYS进行建模,针对上述问题进行分析研究。为提高计算效率,在整体屈曲分析和极限承载力分析中,拱肋、立柱、纵横梁系统采用梁单元Beam188,截面采用MESH自定义截面,桥面板采用

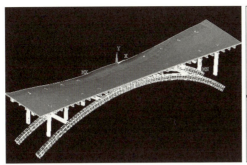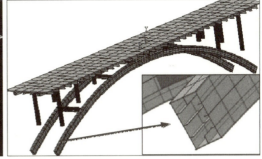

图7-2 Loukouni 桥简化有限元模型及偏载下变形计算结果（资料来源：刚果（布）国家1号公路二期工程关键技术结题报告）

Shell63单元，有限元模型如图7-2所示。在局部屈曲分析中，为模拟局部屈曲状态，统一采用壳单元模拟。在模拟施工过程时，引入ANSYS生死单元，采用倒拆法模拟各施工阶段的应力和变形状态，以对施工位形控制提供合理的基础数据。

第二节　岩土工程关键技术

本项目穿越海滨、森林、河谷和高原等复杂地形地貌，地质条件差异性大，遇到的岩土工程问题复杂多变。因此，针对该工程中具有典型意义的两个关键问题开展研究：边坡监测和安全评估，砂性土路基边坡防护。

一、边坡监测和安全评估

边坡监测一直是岩土工程领域的一项重要课题。考虑到刚果（布）1号公路高危边坡距离城市地区较远，不便于进行经常前往，边坡自动监测自然是此项目的首选；随着近年来无线传输和互联网技术的迅速发展，也保证了边坡测量仪器的自动监测和数据传输。

（一）确定边坡监测参数

边坡监测的主要内容依据所需要的监测参数可分为四大类，即变形监测、物理与化学场监测、地下水监测和诱发因素监测。通过调研，对于刚果（布）1号公路大多数高边坡，塌方预兆集中体现于边坡深度水平位移，结合项目所处地区为热带草原气候，每年有明显的干湿季交替，雨季的强降雨会对边坡稳定性造成很大的影响，确定监测参数主要包括三个物理量：边坡水平位移、地下水位和当地雨量。

（二）监测选点

项目高边坡主要集中在一期穿越马永贝森林这一段，该段各高边坡土层结构相近，所处外部环境也基本相同，考虑到固定式自动测斜仪成本相对较高，监测点选择在具有代表性的一处边坡上进行。通过现场调查和各种因素分析，确定监测点定于PK134+680。

（三）设备安装

采用微型机电系统（MEMS）传感器型固定式测斜仪对边坡变形进行监测，需在边坡特定位置竖向钻孔，插入测斜管，在管内装入测斜仪传感器，测量边坡内部的倾斜状态，在钻孔内不同高度处安装多只倾斜仪则可以准确地监测边坡内部的变形情况。测斜仪传感器的读数由数据采集仪获取并通过GPRS或CDMA无线传输模块实时接入互联网，远程监控中心的计算机只要接入互联网就可进行数据的自动采集和监控（图7-3）。

（四）监测预警

根据有限元计算结果，设定安全变形阈值，若获取的边坡变形数据超过阈值则予以报警，并及时进行分析，以弄清引发边坡失稳的原因，提出措施建议（图7-4）。

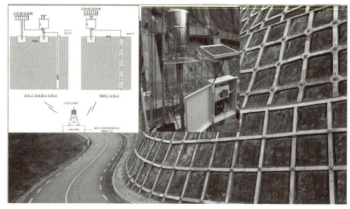

图7-3 设备安装完成示意图（资料来源：刚果（布）国家1号公路二期工程关键技术结题报告）

图7-4 网络浏览器上的平台界面（资料来源：刚果（布）国家1号公路二期工程关键技术结题报告）

二、砂性土路基边坡防护

通过踏勘调研，项目一期工程中的黑角至马累累段，约有55km为砂性土路段；二期工程中名都利至叶段，约有112km为砂性土路段。

（一）砂性土路基水毁原因分析

砂性土路基发生水毁，内因是砂性土本身物理性质，诱因是降雨。

砂性土颗粒黏粒含量极低，表面干燥失水时颗粒呈松散状，透水性强，由于本项目区域降雨量大，尤其是骤时降雨量大，而且在下雨期间仍然有重车通行，在重载和雨水的双重作用下，路基表面容易损坏，边坡表面松散的砂土也容易被雨水冲刷。

对于填方路基，已经填筑的路基的表面和边坡在雨季前未及时进行防护，骤时大量降雨在路基表面处形成径流冲蚀，造成路基表面边缘形成横向和纵向冲沟，进而使边坡土体流失并坍塌而侵蚀路基。路基被冲刷处在雨后不能及时进行处理，遭受再次降雨的连续冲刷，小沟变成大沟，浅沟变成深沟。

对于挖方区域的路基，由于未及时做排水边沟，长纵坡地段的雨水在挖方区坡脚汇集，形成径流，并逐渐形成冲沟，冲刷、掏蚀坡脚。

（二）砂性土路基边坡综合治理

1. 压实工艺改良

对砂土路基的上部路床采用掺水泥处治。水泥处治土施工，单层厚度宜为

18~20cm，采用一层水泥土对路基土的改良作用不大，故宜采用两层，即水泥厚度为40cm才能达到效果。

为保证砂性土的压实度，砂土路基填筑采用高频低幅的振动压实工艺，压实机械宜选择自动振动压路机，振动频率30~40Hz，振幅0.4~0.1mm，速度小于60km/h。水泥处治土分2层压实，每层20cm。水泥处治土施工完成后需养护7d后才能进行上层结构的施工。本项目采用的掺水泥剂量为2%（质量比，外掺法），施工时，水泥须拌和均匀。要求水泥处治土养护7d后达到如下要求：CBR≥50（95%压实度），无侧限抗压强度≥0.15MPa，顶面回弹模量≥60MPa，路基顶面验收弯沉值为200×10^{-2}mm。

2. 边坡防护

边坡防护设计主要以植草防护为主，采用纤维网植草、三维植被网植草、普通边坡植草等措施有针对性地对砂性土边坡进行防护，局部高填方及深挖方路段采用了圬工防护，部分砂性土路段采用了黏土包边。植草防护采用香根草边坡防护技术（图7-5）。边坡防护技术是在坡面上按一定间距并大致沿等高线密植香根草带，依靠香根草的植物覆盖及其根系的力学加固防护边坡的技术。香根草具有适应性广、易繁殖、根系发达、耐旱、耐湿等特性，因此在保持水土、固土护坡等方面具有广泛的应用价值。

图7-5 香根草边坡防护（资料来源：中建国际中西非公司）

第三节 绿色建造技术

一、噪声控制

根据《声环境质量标准》GB 3096—2008规定的环境噪声限值，刚果（布）国家1号公路属于4a类声功能区，昼间声限值为70dB，夜间声限值为55dB。交通噪声与车流量有着密切的关系，通过调查和测量刚果（布）黑角至马累累路段地区的车流量，并综合调查刚果（布）国家交通和经济发展衡量交通量增长率，使用统计分析方法，基于规范计算得出车流量与交通噪声之间的量化关系。

公路沿线的敏感点辨识主要包括村庄、林地、农田等人居和自然环境的分布，部分敏感点距离公路较近，具有一定的规模，对这些敏感地带非常需要加强防护措施。具体措施根据敏感点采取如下：

对于敏感点较多聚集在距离路边较近位置的敏感带，不适宜大面积修建防护林带，可修建低噪声路面，即多空隙沥青路面或透水沥青路面。透水沥青路面可降低车辆的轮胎噪声3~8dB。同时，修建高度足够的声屏障可降低噪声5~15dB。声屏障主要是通过材料对声波进行吸收、反射等一系列物理反应来降低噪声，可以有效阻隔噪声对沿线的影响；对于地广人稀的敏感点，采用工程造价低的土堤结构声屏障方案，可降低噪声8dB左右；对于场地受限的敏感点，可就地取材，采用易于维护和施工且造价低的砖石混凝土声屏障，可降低噪声12dB左右；对于学校等敏感点，调整线位，使敏感点远离噪声源，同时辅以砖石混凝土结构声屏障。

二、降低公路对动物迁徙的影响

道路对于生态环境和许多生物具有很大的副作用。道路致死可在两个层次上产生生态影响，一是造成动物种群数量下降；二是导致动物个体在同种种群间的交流或在互补性资源间的迁移降低。公路途经世界自然保护区——马永贝保护区，道路阻隔了迁徙动物的流动。公路建设对野生动物的影响主要是由于植被破坏，通道阻隔，施工噪声和营运灯光等造成的。为有效降低公路建设对动物迁徙的影响，采取措施如下：

1. 建设选线

公路建设选线的原则是尽量避开天然林地，特别是生态保护林，尽可能不破坏区域内栖息者的自然属性。为了避免对区域进行二次分隔，可以将公路建设在河边或是已有的铁路边。如此做法，两边的生态虽然分隔了，但单个的区域是完整的，不会造成生态破碎化。

2. 建立野生动物通道

野生动物通道的形式可分为线上通道、线下通道和路基缓坡通道三种。

线上通道主要包括隧道上方通道和上跨铁路的桥梁，一般适宜于喜爱登高而不愿钻洞的哺乳动物；线下通道主要为桥梁和涵洞，因其兼顾了动物通道和工程建设的双重需要而成为采用最为广泛的一种形式；路基缓坡通道，一般是放缓路基边坡，并在两端及通道上营造适宜动物通行的环境。

图7-6 中小型动物穿行的涵洞设置
（资料来源：刚果（布）国家1号公路二期工程关键技术结题报告）

综合考虑非洲建设经费紧缺，且迁徙动物多为中小型野生动物，主要食草等特点，选择线下通道中的涵洞方案（图7-6）。

第四节 混凝土耐久性关键技术

刚果（布）国家1号公路工程对刚果（布）的经济和社会发展有着至关重要的影响，保障该公路的使用寿命是工程建设质量的重要方面。混凝土是暴露于现场环境中的工程材料，刚果（布）地处赤道附近，气温高、湿度大，混凝土的收缩、干湿循环、溶蚀等耐久性问题严重，对混凝土结构的耐久性产生了严重的威胁。

在公路的建设过程中，如何避免混凝土的早期开裂是一个常见的问题，而对于一个相对恶劣的工程环境，如何避免混凝土的早期开裂更加值得关注。同时，在公路的使用过程中，影响混凝土耐久性的因素很多，并且有一些是未知的因素，因此为了保障公路的设计寿命，混凝土的使用寿命应更长，混凝土的耐久性问题应给予关注。据此开展以下两方面研究：

一、根据刚果（布）地区的原材料配制高性能混凝土

由于刚果（布）没有水泥工业，因此水泥需要进口。水泥的保质期一般是三个月，从水泥的运输、堆放到使用的过程往往比三个月长，并且刚果（布）的气候潮湿，因此水泥在使用时的品质较差。为使混凝土达到强度要求，一般采用加大水泥用量的方法，但这样做会使混凝土的收缩变大。经过试验研究，得到了水泥品质随时间变化规律，如图7-7所示，为配置高性能混凝土提供了基础数据。

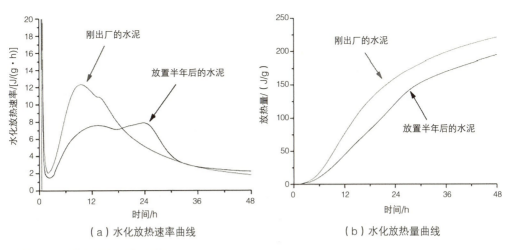

(a) 水化放热速率曲线　　　　　　　　(b) 水化放热量曲线

图7-7　水泥品质随时间变化规律

二、桥墩大体积混凝土的抗裂性能和耐久性

桥墩对于整座桥梁的安全性和耐久性起着至关重要的作用，为提高桥墩混凝土的抗裂性能，需对浇筑后混凝土的早期温升进行控制，尽可能减小温度应力。同时，应配置抗拉强度高而收缩小的混凝土，降低混凝土的开裂风险。根据三维瞬态热传导方程计算混凝土温度场，并通过松弛系数法计算混凝土的应力场，为桥墩混凝土的配置提供设计参数（图7-8、图7-9）。

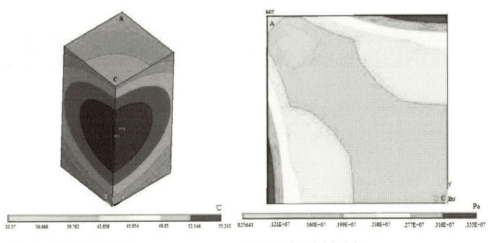

图7-8　混凝土温度场分布　　　　　图7-9　混凝土应力场分布

第五节　测绘数据综合管理平台

"数字公路"旨在实现对多分辨率、多尺度、多时空和多种类公路信息的采集、存储，并按地理坐标建立完整的信息模型，从而实现广泛的综合数据共享，并为公路规划设计、施工建设和经营管理打下坚实的数据基础。其建设的两个核心目标是："信息共享"和"高效应用"。目前，围绕这一总体目标，科研人员开展了形式多样的科研工作，取得了一定的成果，在一定程度上，提高了工作生产效率，但仍存在诸多问题和不足，主要表现为数据共享技术手段存在不足和公路信息终端用户软件平台滞后。鉴于此，本项目从公路勘察设计、施工测量、综合信息管理等角度入手，立足公路测绘专业，开展两方面的研究工作，一是研究测绘数据集成共享技术及共享平台建设，二是研究面向公路行业的三维仿真可视化技术，从数据共享和软件应用两个层面为"数字公路"的建设开展相关研究工作。

研究面向公路测绘专业不同尺度、不同分辨率、不同空间参考和不同物理存储位置的多源海量空间和非空间数据集成共享的技术路线和实现方法；研制一种基于二三维结合的、可视化的测绘数据集成共享平台（图7-10）。其关键技术研究主要包含以下几方面：

（1）基于二三维结合的测绘数据管理方法实现；

（2）公路测绘元数据标准编制，元数据库建设；

（3）多种坐标系统的数据转换算法研究及接口设计；

（4）4D数据与呈带状分布的接图表的关联技术研究；

（5）长距离公路空间信息查询与快速提供方法的研究；

（6）二三维空间信息联动查询与互操作技术研究。

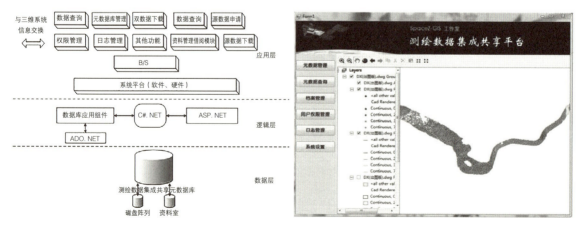

图7-10　测绘数据集成共享平台

一、系统总体设计

测绘数据综合管理系统考虑刚果（布）项目的实际需求，以易用、安全、高效率、可扩展为目标，采用了标准的三层体系结构，结构清晰，便于系统的开发设计与后期维护。

整个系统架构分为数据层、逻辑层和应用层3层。主要面向测绘数据进行综合管理，也可扩充其他专业数据。系统优点是能够极大减轻数据的预处理工作，可实现相应数据的集成共享，并具有良好的系统扩展性，能不断扩展更新应用层功能，满足日益增长的数据管理需求。

数据层：测绘数据综合管理数据库是整个系统的核心基础，管理的数据包括刚果（布）国家1号公路的原始地形数据和道路中线及位置桩号等设计成果数据，且各类数据格式各异。通过研究源数据的规律特征，分类整理，并遵循相关的数据标准规范，在此基础上建立数据库，并实现对公路测绘数据的集成共享。

逻辑层：测绘数据综合管理系统采用C＃.NET语言和ArcEngine技术进行开发，通过调用ArcEngine的类库，能够节约底层开发的时间和成本，开发出来的系统具有良好的使用性和扩展性。该层与底层数据库之间通过数据访问接口连接，并提取相关数据后供应用层程序使用。

应用层：该层包括数据库工具、元数据管理、数据编辑、坐标系管理、三维可视化、二三维联动、系统管理等功能模块，且可扩展性良好，能不断扩充新的应用层功能，以满足不同的数据管理需求。同时，应用层分为两种模式，一种模式面向普通用户，提供数据查询、浏览和下载功能；另一种模式面向数据管理用户，除数据查询、浏览和下载功能外，数据管理用户能够对数据库进行更新和维护，并对系统的安全运行、用户权限和操作日志进行管理。

二、系统功能设计

刚果（布）国家1号公路测绘数据综合管理系统能对测绘数据进行各种查询、显示和分析。主要功能包括：数据库工具、元数据管理、数据编辑、坐标系管理、三维可视化、二三维联动、系统管理等7个功能模块，各功能模块还包括详细的具体功能设计。

1. 数据库工具

包括打开数据库、创建新的数据库以及数据入库等功能。数据入库时，首先创建数据集，然后再将矢量数据、栅格数据等各种类型的数据分别导入数据库中。

2. 元数据管理

根据元数据模板对元数据进行录入，通过对元数据库的动态更新，保障元数据与后台源数据的一致性，定期或不定期对元数据库进行备份。

3. 数据编辑

包括查询与选择、要素编辑和捕捉等功能，其中查询方式包括空间数据查询和属性数据查询两种。空间数据查询采用任意点击查询，拉矩形框或是多边形框查询；属性数据查询利用关系符号、逻辑符号、算术符号的任意组合，查询满足条件的属性信息及图形信息。

4. 坐标系管理

包括获取某一图层的空间参考、设置和修改图层的空间参考等功能。测绘数据综合管理的过程中，都要考虑使用了何种坐标系，进行坐标变换和管理。

5. 三维可视化

包括三维浏览、三维分析和三维编辑。可加载DEM数据、叠加影像数据，并分层设色实现三维浏览，可进行缩放、拖动、旋转等操作；可进行三维场景属性查询、坡度分析、通视分析等三维分析操作；可在三维场景中实现点、线、面等要素的编辑。

6. 二三维联动

二维到三维的查询，通过关键字方式查询到空间数据，再将空间数据在三维椭体上实现定位；三维到二维的查询，为用户提供通过直观的地理位置，查询所需测绘数据的手段和方式，可以通过点选、框选或拉任意多边形等方式，选择指定范围，查询到该范围所涉及数据类型，过程方便快捷。

7. 系统管理

包括用户权限管理和操作日志管理等。用户权限管理对不同访问者，分别设置不同的数据浏览和下载级别，保障数据安全；操作日志管理对登录系统的用户以及用户在系统下的查询、修改、下载等操作进行记录，对系统运行进行实时监控。

三、系统实现

1. 软件开发环境

开发所使用的软件有：Microsoft visual studio 2010，ArcGIS 10.0系列产品，主要使用ArcEngine进行二次开发，SQL Server 2008创建数据库。客户端所需软件支持有：ArcGIS 10.0系列产品和.NET Framework 4.0。服务器端所需软件支持有：Windows Server 2003，ArcGIS 10.0，.NET Framework 4.0和SQL Server 2008。

2. 系统实现中的关键技术

测绘数据综合管理技术研究，其关键技术主要包含以下几方面：

（1）公路测绘元数据标准编制和元数据库建设，编制和设计元数据模板，并可对元数据模板进行更新和维护，对元数据进行查询与统计，便于用户快速、准确地找到所需测绘数据。

（2）基于二三维结合的测绘数据管理平台实现，刚果（布）项目还包含三维公路仿真系统，做好与其衔接整合的准备，设计接口，实现在三维仿真系统中，能对相应测绘数据进行查询、浏览和下载。

（3）测绘数据坐标系转换算法研究及接口设计，刚果（布）公路项目使用的是南33° UTM坐标，系统设计的坐标转换接口能实现UTM坐标与WGS84坐标之间的解析法转换，两种坐标系能实现相互转换，精度满足工程需求。

（4）系统安全管理机制，对系统用户进行严格的分类管理，授予普通用户和管理用户不同的权限，详细记录用户的基本信息和操作信息，能对用户的操作日志进行查询。

3. 平台目标

为实现对数据的有效管理，测绘数据综合管理平台应达到的性能要求包括功能性、可靠性、易用性、安全性、可维护性和可移植性。

第六节　三维虚拟地理环境系统技术

研究面向公路行业呈带状分布的三维地形场景及设计成果快速构建的成套技术；研制满足公路三维场景海量数据管理和显示的软件平台，同时开发一系列基于三维空间的功能模块，包括：三维交互浏览、三维空间量测、三维空间分析、三维空间编辑等模块，在满足公路设计成果三维汇报展示应用的同时，也为后期公路三维辅助设计和施工模拟奠定一定的技术基础。其关键技术主要包含以下几方面：

（1）基于标准椭球体实现长距离公路沿线地形三维场景快速展示、高效管理的技术研究；

（2）公路沿线三维地形数据组织与管理方法及三维地形实时分级显示技术的研究；

（3）根据公路中线横、纵断面等数据，快速生成三维公路中线（包括平曲线、竖曲线等）的方法研究；

（4）公路点状、面状精细三维模型库及纹理库建立和自动匹配算法研究，其中模型库包括路基结构物、路基支挡结构物、桥梁分段分部结构物、隧道与涵洞结构物、沿线附属结构物及其他三维模型和景观模型；

（5）长距离公路实体模型的高精度投影与自动匹配方法研究；

（6）公路设计成果精细三维模型与三维地形的有机融合算法研究与实现；

（7）基于公路三维空间的分析、编辑、标注等一系列辅助功能开发。

第七节　BIM技术应用

刚果（布）国家1号公路二期工程的建设不仅涉及复杂的地理环境，而且涉及多项复杂工程，其中最为典型的是钢结构桥梁。这些复杂工程不仅设计比较复杂，施工也相对复杂。目前，大型公路工程项目的设计通常还是依靠传统的二维图纸，并通过合图来分析设计中存在的冲突；施工规划则主要依靠项目管理人员的经验来制定和实施，且同样是采用二维图纸来表现。然而，由于公路工程自身的特点，其设计复杂，构件繁多，仅依靠传统的二维图纸很难提前检测或发现设计中存在的冲突问题；这些设计问题通常在施工阶段才能发现，从而影响施工进度和成本，也将影响施工安全。

BIM（Building Information Modeling）技术和虚拟施工技术在建筑工程项目中已得到有效应用，在公路工程项目中应用不充分。本工程将BIM技术和虚拟施工技术引入到项目中，对项目中的复杂、关键工程进行有效鉴别，并制定BIM执行方案，为项目设计和施工提供实用建议，以保证施工的顺利进行。引入BIM技术对关键、复杂工程的设计方案和施工方案进行可视化模拟分析。在施工开始之前，分析出设计和施工问题，变"被动管理"为"主动管理"，实现管理成本大大降低。通过BIM技术，不仅可以缩短工期、降低成本（特别是返工损失和管理成本）和保证施工质量、减少材料浪费；同时可为工程相关各方（业主、设计方、总包、分包）提供一个有效的可视化沟通平台，便于及时沟通与解决相关工程问题。

一、Loukouni大桥的BIM示范应用

刚果（布）国家1号公路二期工程中的Loukouni大桥是典型的钢结构桥梁，是隶属于工程3-1段的一座大型桥梁，桥址位于名都利，桥梁跨越Loukouni河。

结合Loukouni大桥工程的特点，应用Autodesk公司的Revit和Navisworks等软件进行项目的设计建模分析（图7-11）和施工模拟分析（图7-12）。通过设计建模分析与碰撞检查消除了设计图纸中存在的问题，通过施工模拟分析，给施工提供指导。Loukouni大桥完工后如图7-13所示。

图7-11 Loukouni 大桥模型（资料来源：刚果（布）国家1号公路二期工程关键技术结题报告）

图7-12 施工模拟渲染图（资料来源：刚果（布）国家1号公路二期工程关键技术结题报告）

图7-13 Loukouni 大桥完工图（资料来源：中建国际中西非公司）

二、BIM技术施工模拟应用

结合项目特点，采用Navisworks软件进行施工模拟。Navisworks软件是Autodesk公司开发的一款针对设计和施工的模拟分析及效果图漫游演示的软件。Navisworks软件具有十分强大的功能，它的功能主要包括三维模型漫游、碰撞冲突分析、模型渲染、施工过程的4D模拟等等。课题小组成员从施工方收集施工进度计划以及施工方案等文件,将这些文件与BIM信息模型相连接,由系统生成施工过程模拟分析文件和模拟分析报告,最后根据这些文件,制成施工过程模拟的多媒体格式的可视性文件(图7-14~图7-17),与施工模拟分析报告一起反馈给施工方,施工方可以进行施工方案的优化以及施工进度计划的控制等。

图7-14 施工模拟分析展示片头(资料来源:刚果(布)国家1号公路二期工程关键技术结题报告)

基于本关键技术,项目课题组完成见刊论文7篇。

图7-15 地形模拟展示(资料来源:刚果(布)国家1号公路二期工程关键技术结题报告)

图7-16 漫游分析展示(资料来源:刚果(布)国家1号公路二期工程关键技术结题报告)

桥址位于名都利，桥梁跨越Loukouni河

图7-17 解说展示（资料来源：刚果（布）国家1号公路二期工程关键技术结题报告）

第八节 国际EPC工程项目风险管理辅助决策支持体系技术

我国国际工程承包商依然处于市场竞争的中下游，尤其是在EPC总承包项目和BOT、PPP融资类项目方面，市场份额的增加和企业EPC总承包的管控经验及风险管控体系的不完善，形成了鲜明的反差，造成我国国际工程承包商的抵御风险能力偏弱，在激烈的国际工程承包市场中经常折戟沉沙，出现由于某些风险导致项目亏损直至失败的情况。因此，深入研究与发掘国际EPC工程的项目风险管理问题，加强风险评估和应急机制建设，建立适用于中资国际承包商的全面、系统、简便、动态的风险管理辅助决策支持体系，科学合理地规避和防范国际EPC项目中的风险因素，已经成为企业拓展国际工程市场的必修课。一方面对于直接降低项目风险，减少财产损失具有重要意义；另一方面也可以培养和完善企业风险管控能力，促进决策建议的科学与合理，加快我国建筑企业国际化、规模化、资本化、集约化的节奏，尽早完成"走出去"战略布局。

第八章 经营与维护
Chapter 8　Operation and Maintenance

第一节　特许经营签约背景

刚果（布）国家1号公路于2008年5月动工，2016年3月全线竣工，分两期建造。项目一期建造完成后，管理团队发现刚果（布）政府没有道路运维的机制，项目无人接收，面临无法移交，公路处于不运维通行的状况。

刚果（布）雨季漫长，如不运维通行，叠加上路车辆超载严重的因素，公路面临超载破坏和自然毁损风险。为了化解风险，中国建筑股份有限公司（简称"中国建筑"）向刚果（布）政府提出由中国建筑负责运维，刚果（布）政府负责收费，收支两条线，每年刚果（布）政府支付给中国建筑一定费用的解决方案。刚果（布）政府在中国建筑建议方案的基础上，提出了由中国建筑帮助限重、控制超载，并以罚款维持项目经营，此时的经营仅限于称重，控制超载，并无其他事务。

在二期建设过程中，为了增加经营的法律保障，避免政治等各类风险，项目团队开始逐步与业主探讨以正式特许经营合同的形式进行经营。2015年，刚果（布）政府聘请瑞士公司，启动1号公路以及另外一条2号公路的特许经营招标文件和可行性研究，2017年特许经营项目开始国际公开招标，启动了国家1号公路特许经营的步伐。中国建筑股份有限公司牵头联合法国EGIS公司和刚果（布）政府成立刚果（布）国家1号公路特许经营项目公司（以下简称"LCR"）。

2018年12月3日，中国建筑与刚果（布）政府正式签署刚果（布）国家1号公路特许经营合同，中国建筑股份有限公司、法国EGIS公司和刚果（布）政府联合组建经营公司，采用TOT模式参与该公路特许经营，负责该公路的收费经营、道路养护及大修，经营期限30年。

第二节　特许经营机制

从2017年10月到2018年12月签约，中国建筑与刚果（布）政府和法国EGIS公司进行了长达一年的密集谈判博弈后，终于就合作的各种制度安排达成了一致。

股权结构中国建筑占70%，法国EGIS公司占15%，刚果（布）政府占15%。董事会构成为中国建筑占三席，法国EGIS公司占一席，刚果（布）政府占一席。政府不参与项目公司管理，总经理和财务总监由中国建筑任命，法国公司派一位公司副总，部门内部大家交叉任职，道路收费以法国公司为主，运维大修以中国建筑为主。

2019年3月1日，刚果（布）国家1号公路特许经营项目启动仪式在Lifoula收费站（图8-1）隆重举行。刚果（布）总统萨苏、总理穆安巴共同出席仪式（图8-2）刚果（布）政府30名高级官员、中国驻刚果（布）大使马福林、法国驻刚果（布）大使贝特朗及当地近万名群众参加活动。仪式上，萨苏总统正式宣布国家1号公路特许经营项目启动运营，并亲自缴纳了第一笔通行费，标志着项目全线开始收费运营。

图8-1　Lifoula收费站（资料来源：中国建筑土木建设有限公司）

图8-2　刚果（布）总统出席特许经营项目启动仪式（资料来源：中建国际中西非公司）

第三节　特许经营风险与应对措施

一、刚果（布）未来经济发展不确定性风险

非洲本身不确定因素就多，项目的特许经营期长达30年，为了降低未来经济发展不确定性带来的风险，有效控制企业将面临的风险，在合同中设置了保障机制：如果实际流量低于测算流量的90%，政府就降低特许经营费；如果收入达到预测的150%以上，公司就开始交税，反之，公司继续享受免税；如果未来两三年预估收入都未达到测算的80%，退出机制就会启动。

二、民众对收费不能接受的风险

公路建成后供当地民众免费使用两年，当地民众能否接受将是企业后续经营可能面临的主要风险。

刚果（布）在国家1号公路特许经营前就有收费公路，只是收费不规范。因为国家1号公路是连接政治中心和经济中心的唯一陆路通道，并且刚果（布）周边国家的一些公路也在收费，因此刚果（布）政府认为老百姓能接受。但公路建成后供当地民众免费使用两年，势必存在开始收费后民众不能顺利接受的风险。

为化解部分民众逃费或者企业收不上费的风险，经营团队采取逐步化解策略。首先加强与当地居民的沟通工作，先局部路段收费，然后逐步推行到全线收费；二是通过政府通过发布公告，做好收费宣传；三是补充、优化完善部分收费站设施。

三、各方预期利益保障风险

（一）收费来源分析

未来公路的收费来源主要有两个：

一是刚果（布）国内市场。从出口看，刚果（布）木材数量和质量在非洲名列前茅，是木材重要出口地；而刚果（布）的铁矿现在尚未开发，存在很大出口潜力。从进口看，刚果（布）是高度依赖进口的国家，工业体系薄弱。例如，刚果（布）虽然产原油，但没有成品油加工，所有的成品油都依赖进口，进口成品油大量沿1号公路从黑角运往布拉柴维尔以及沿线城市。

二是周边潜在的市场。连接刚果（布）首都布拉柴维尔和刚果（金）首都金沙萨的铁路、公路两用桥建设项目已经有了双边机制，可行性研究报告已完成。两刚公铁两用大桥建成后，通过陆路连接，刚果（金）实现通过铁路、公路与刚果（布）黑角深水港通连，将会大幅增加1号公路车流量，对项目收费会产生很大的拉动力量。

（二）风险防控措施

在考虑众多因素的基础上，通过科学通用的财务模型测算，结合搜集大量的通行车辆类型、数量等信息，收费来源数据支撑前景良好。财务模型是对未来的假设和预测，经济发展的不确定性太多，考虑到项目特许经营期30年，未来发展很难预估。为应对不可预估风险，如前所述在合同中设置了保障机制，实现风险可控。

第四节　特许经营的意义

刚果（布）国家1号公路特许经营项目是中国建筑在非洲的第一个建设–经营项目，从某种意义上讲，这个项目是试水。对中国建筑的业务发展非常有利，对于以后在非洲或者是其他国家进行道路的特许经营收费业务，有着很好的借鉴意义。现在刚果（布）政府投资项目很少，中国建筑在当地还有很多资源，经营项目拿下来后，这些资源都会运转起来，当地子公司未来二三十年会有良性发展。在多重利好下，只要不亏本，我们就可以做，而且我们有退出机制，不会形成亏损。这种模式在未来建设过程中虽然不一定可复制，但可以积累经验。

中国驻刚果（布）使馆经商参赞孙亮在《国际商报》署名文章中称：中国企业积极探索通过三方合作的方式，实施"建营一体化"项目，国家1号公路特许经营进展顺利，这条"梦想之路"正持续发挥经济社会效益。中国企业不断开拓合作渠道，加强与国际金融机构的合作，为区域互联互通贡献中国力量。

2022年3月6日，刚果（布）国家1号公路正式运营满三周年，中国建筑参与的运营团队规模日益完善、营收能力稳步前进，为打造海外多方合作的共赢模式、筑梦"一带一路"做出了一次成功的尝试。

第三篇
成果及经验交流

刚果（布）国家1号公路是中建集团以融投资带动工程总承包模式在海外开展超长线性工程项目的成功案例，为中建集团开发刚果（布）市场模式奠定了良好的基础，对中建集团实施F+EPC模式进行海外项目开发积累了良好的经验。本篇基于F+EPC模式的超长线性工程所取得的管理成果、技术成果及科技成果进行了总结。

Route Nationale 1 (Congo-Brazzaville) is a successful case of CSCEC's financing and investment-driven general contracting model for ultra-long linear engineering projects. It has laid a good foundation for CSCEC to develop the Congo-Brazzaville market, accumulated good experience for CSCEC to implement the F+EPC model for overseas project development. This part summarizes the management achievements and scientific and technological achievements of the super-long linear project based on the F+EPC model.

Part III
Achievements and Exchange of Experience

第九章 项目成果
Chapter 9　Achievements

第一节　管理成果

一、获得的管理成果奖

一分耕耘，一分收获，经过八年的艰苦奋战，项目先后斩获多项成果和荣誉，具体如下：

2011年04月：荣获中国驻刚果（布）大使馆"积极回报当地社会，履行公益责任优秀企业"荣誉。

2016年11月：荣获"中国海外工程优秀营地"奖（《国际工程与劳务》主办）。

项目"营地规划科学合理，建筑结构安全可靠，外观独具匠心。在当地基本无市政排污管线和污水处理设施的实际情况下，妥善处理污水排放；采取恰当措施保证员工饮用水的安全。营地系统功能齐全、布局合理，安保到位、管理有序，节能环保、中外融合，注重人文关怀，具有示范性"，荣获《国际工程与劳务》杂志有限责任公司主办的"中国海外工程优秀营地"奖（图9-1）。

2019年07月：荣获2019年工程建设项目绿色建造设计水平评价结果二等成果奖。

图9-1　项目部营地鸟瞰（资料来源：中建国际中西非公司）

2019年12月：荣获对外承包工程商会"2019中国境外可持续基础设施项目"奖；
荣获"2018—2019年度国家优质工程奖"。
2021年12月：荣获"2020年度中国建设工程鲁班奖（境外工程）"。
2022年04月：申报"全球道路成就奖"——资产保全类，通过中国公路学会初审。

二、管理成果总结

项目的实施是一个复杂的系统工程，需要一套清晰的管理链条和切实可行的方案。中建国际中西非公司根据项目特点进行策划，设置总包经理部，一期工程设置第一经理部，二期工程设置第二经理部。各经理部下根据施工组织策划任务段落划分和工程专业性质，设置9个施工分部，6个专业分部，并在各分部派驻2~3人驻地组，通过驻地组发挥现场监管作用，实现对超长线性工程的有效管理。

（一）牢牢把控工程设计主导权，实现效益最大化

基于F+EPC项目建设模式特点，项目管理团队牢牢把控设计主导权，以效益最大化引导工程设计，充分利用投标阶段的工程量清单项并结合当地公路工程的现状及地形、地貌、地质、水文情况，合理选用当地习惯的设计标准，灵活应用技术指标，在APS设计阶段预留造价空间，从设计的角度创造了已有高利润子目的增量和高利润新增项的机会，同时，选用了国内、国外成熟简易的工艺设计方案，节约了成本，实现了效益最大化。通过二次经营，设计新增项目，重新报价，提高项目整体利润水平。

（二）实施集中采购，降低采购成本

实行集中采购制度，通过对大宗物资的集中采购，降低采购成本，减少成本支出，很大程度上提高了项目的利润空间。

（三）良好的施工组织，统筹管理

良好的施工组织管理保证了项目整体效益得以顺利实现，通过对施工生产的科学计划（磨合年、爬坡年、大干年、成效年）、精心组织（如：旱季劳动竞赛活动）、严格管控，特别是驻地组对各分部的前沿督控，有力地保证了总部各项管理措施落实到

位，使整个施工生产始终在总包项目部的统筹指挥下有序进行。有效地提升和带动了工程局的管理水平，促使其效益最大化，成功实践了总公司关于带领工程局"走出去"的战略构想。

（四）定期进行项目成本分析

定期进行项目成本分析，加强风险管理。实现了良好的经济效益，并为公司提供了周转资金。不懈的努力换来了良好的社会效益，中国建筑在刚果（布）国家1号公路的优异表现，为刚果（布）后续建设市场竞争中打下了坚实的基础。

第二节 技术成果

一、获得的技术成果

项目设计在把控造价的同时，也注重设计理念和质量，项目设计团队结合中建绿色设计理念和现场实际情况实行了独有的绿色设计（砂性土路段香根草边坡防护）。2020年，由中铁第四勘察设计院集团有限公司担纲主设计的刚果（布）国家1号公路，荣获中国施工企业管理协会绿色建造工作委员会"2019年工程建设项目绿色建造设计水平评价结果"二等成果奖。

以刚果（布）国家1号公路为载体，项目参建员工发表了多达100多篇论文（部分见后附参考文献）。这些论文有以设计视角写的，有以总承包方视角写的，有以分包方视角写的，也有以分供商视角写的。

二、技术成果总结

基于F+EPC管理模式，充分发挥设计龙头作用达到预期效益。项目初期，合同模式出现了重大变更，由总价合同变更为单价合同，项目技术部根据商务需求，及时跟进，调整设计思路，化解合同风险。在线路选择上，优化设计方案，控制工程量规模，通过对名都利到布拉柴维尔段北线、中线、南线三个方案的对比和综合分析，最终确定北线方案，为后期疏港公路项目做好铺垫，综合考量刚果（布）未来经济发展方向，得到了业主的认可。

项目管理团队在保证工程质量前提下，通过不断的磨合，以艰苦卓绝的设计和施工赢得了法国监理和业主的高度认可，最终确立"以中国规范为基础，部分参照法国规范"标准体系，带动大量中国设备、材料出口和助推中国技术规范在刚果（布）的应用。

根据刚果（布）国家1号公路项目合同模式，总包项目部组织设计院，加强设计方案的评估、论证和优化管理工作，在保证工程的功能、安全和质量（外观质量、实体质量和社会质量）的前提下，重点从设计的角度加强工程的成本控制和管理，同时把握标准，灵活设计，赋予个性，精心创作，做到"好中求好"；加强和国外设计监理的沟通工作，克服设计习惯、理念上的差异，做到求同存异，确保尽量采用国内成熟、先进的技术；做好设计进度、计划与现场施工进度、计划的配套和衔接工作，同时为施工提供设计、施工专业技术支持和服务，及时监控设计质量和进度，确保设计文件能充分满足现场施工的需要；加强技术与合约、施工等成本管理部门的对接工作，在保障安全、质量和功能的前提下，以效益最大化来引导工程的设计，确保工程量的及时控制和有效调节。

第三节　科技成果

项目实施过程中，项目管理团队积极应用新技术，应用《建筑业10项新技术（2010）》中的8大项18小项，并联合清华大学开展8项课题研究。

一、获得的科技成果

通过与清华大学合作，形成8项关键技术成果，获得中国专利授权6项（实用新型专利4项，发明专利2项），计算机软件著作权3项（表9-1）。

计算机软件著作权　　　　表9-1

序号	软件名称	著作权人	编号
1	面向公路的测绘数据集成共享平台 V1.0	中国建筑&清华大学	2013SR120789
2	面向公路的三维仿真可视化系统 V1.0	中国建筑&清华大学	2013SR120782
3	公路中线数据简化与简化质量评价系统 V1.0	中国建筑&清华大学	2013SR120758

资料来源：中建国际中西非公司

二、科技成果总结

项目与清华大学开展多项技术研究,通过校企合作取得多项科技成果,如《刚果(布)国家1号公路桥梁关键技术研究》《国家1号公路混凝土耐久性关键技术研究》《国家1号公路测绘数据综合管理平台及三维虚拟地理环境系统关键技术研究与开发》《刚果(布)国家1号公路绿色修建技术研究》等。

针对多利吉—名都利段沿线满足底基层要求的红土粒料严重不足的情况,项目管理团队经沿线现场查找、多方案对比,创新采用红土砾料与级配碎石掺拌施工技术,解决了现场无合格底基层材料的难题;创新采用混凝土耐久性施工技术,解决了赤道地区高温气候条件下混凝土收缩开裂、碳化等问题;创新采用坡屋面模板系统施工技术,既降低了成本又提高屋面成型质量。

1. 热带雨林气候沥青混凝土配合比设计与中法车辙试验比较研究

项目所在地是典型的热带雨林气候,路面结构层设计与国内有所不同,沥青混凝土配合比设计规范要求也存在差异。项目部组织相关技术人员对法国沥青混凝土配合比标准进行学习,掌握法国标准下的沥青混凝土配合比设计,同时采购法国车辙试验仪对沥青混凝土进行车辙试验。

2. 热带雨林地区砂性土材料性能和施工综合治理措施研究

项目部针对黑角—马累累段已施工段落在雨季遭冲毁的情况,结合当地热带雨林气候条件和特点,分析砂性土材料进行性能和水毁原因,制定并优化了砂性土路基施工工艺及边坡防护措施,对现场施工起到了极大的指导作用,同时该技术在名都利—布拉柴维尔段砂性土区域得到广泛推广。

3. 设计施工总承包公路项目的设计优化

项目部在一期设计过程中,分析设计优化与施工成本和利润、施工工艺、施工工期之间的关系,总结设计优化思路,并提出了设计优化的具体措施和注意事项,对二期的设计起到了极大的指导作用。

4. 香根草的培植及其在砂性土公路边坡防护上的应用研究

项目名都利—布拉柴维尔段为砂型土路段,砂性土粘结性较差,局部边坡稳定性较差,雨水冲刷对其影响较大。项目部根据香根草根系发达、对恶劣环境适应能力强的特点,制定了香根草防护方案。项目部通过对香根草培植技术、边坡防护设计及施工技术、香根草边坡防护机理进行分析研究,形成了成熟的技术并在全线进行推广。

5. 桥梁关键技术研究

项目部与清华大学合作对Djoué河钢混组合梁桥和Loukouni上承式钢箱拱桥设计

过程中中法规范对比及设计优化分析进行了详细研究，形成了成熟的技术经验。项目部在进行其他相同桥型设计时，充分利用了研究成果，极大地推进了设计进度和质量。

6. 公路岩土工程关键技术研究

项目部与清华大学合作对降雨对边坡稳定性变形和影响进行分析，并在现场安装稳定性监测设备，对现场监测数据进行详细分析和总结，形成了指导边坡设计的成果，对后续边坡设计起到了极大的指导作用。

7. 刚果（布）国家1号公路绿色修建技术研究

项目部与清华大学合作对超薄沥青混凝土性能及破坏机理、公路噪声控制、水环境污染及治理、公路对动物迁徙影响分析、公路路侧植被恢复、公路对大气的影响及治理、公路节地模式等方面进行了详细分析研究，并对现场施工提出了合理的建议，对项目施工过程中的环境保护起到了指导作用。

8. 混凝土耐久性关键技术研究

项目部与清华大学合作对低品质水泥配制高性能混凝土、水泥用量对混凝土性能的影响对比、磨细粉煤灰对胶凝体系性能的改善效果、低强度等级自密实混凝土的配制、提高混凝土抗渗性能、混凝土抗软水溶蚀性能、混凝土开裂因素及修复措施等方面进行了详细研究，并实现了预期效果。项目部在后期混凝土配合比设计中广泛运用了此研究的成果。

9. 测绘数据综合管理平台及三维虚拟地理环境系统关键技术研究与开发

项目部与清华大学合作对测绘数据综合管理平台及三维虚拟地理环境系统关键技术进行了详细研究，实现了显著的研究成果，并形成了经验与建议，对项目部测量管理提供了广泛的参考。

10. BIM应用研究

项目部与清华大学合作对国内外BIM研究与应用现状、鉴别分析公路项目中可视化模拟关键点、结合项目进度规划编制BIM执行进度规划、研究在公路工程项目中执行BIM的方式和方法及Loukouni桥梁设计与施工方案模拟与优化等方面进行了全面细致的研究，得出的结论成果将在后期工程开展过程中进行推广应用。

11. 国际EPC工程项目风险管理辅助决策支持体系研究

项目部与清华大学合作对EPC项目的风险特征和风险分担模式、中资企业在国际工程项目市场开拓情况、风险管控情况、国际EPC项目的风险识别和评估研究、监理风险管理辅助决策支持体系等方面进行了详细调研和研究，为项目的风险管控提供了参考建议，为项目的风险管理提供了支持。

12. 非洲EPC工程项目全过程造价管理流程研究

项目部与清华大学合作对非洲EPC工程项目进行了详细的调查，对造价风险因素识别、造假目标管理和关键控制点、全过程造价管理流程进行了研究，并对新形势下非洲EPC工程造价控制关键问题进行了分析，提出了合理的应对策略，为项目部的造价管理提供了参考依据。

13. 基于现行欧洲标准的钢混组合梁及上承式钢箱拱桥设计与施工研究

项目部与中铁第四勘察设计院集团有限公司合作开展在欧洲标准下的桥梁设计及施工的研究，对欧洲标准进行详尽的分析研究，并在欧标的基础上对桥梁的受力分析、设计优化及施工控制方面进行了研究。在借鉴此研究成果的情况下，项目部桥梁计算书顺利通过建立审批，极大地推动了设计进度，提高了设计质量。

第四节　健康、安全与环境（HSE）管理成果

提高员工安全意识，将"安全第一、预防为主、综合治理"的安全生产方针在项目中逐渐铺开，并得到落实，为建立健全项目层面的安全管理体系保障，提供了经验借鉴。

形成系统的安全管理教育培训资料，为企业安全管理资料库增加海外项目的资料留存。

控制了企业的安全管理风险，建立起了风险识别管控体系。分析了各项活动和工序，辨识出所有有关的重要风险。

风险识别的三种时态、三种状态和七种类型。

三种时态：过去、现在、将来。在对现有的环境污染及环境问题进行充分识别的同时，也要看到以往遗留的环境问题，这些因数可能仍在产生环境影响。此外，考虑计划中的生产活动在将来可能带来的环境影响等，形成总结。

三种状态：正常状态，正常施工的条件下产生的环境问题；异常状态：设备开机、停机、检修、停电时的变化；紧急状态：可合理预见的紧急情况，如意外泄漏、爆炸、坍塌、雷击、火灾、环境设备的故障灯，特别注意不要遗漏紧急状态下的环境因素，组织的许多重大环境因素往往针对的就是紧急状态。

七种类型：大气排放；水体排放；固体废物管理；土地污染；对社区的影响；原材料与自然资源的消耗；其他地方性环境问题。

制定了符合项目实际的判定风险级别标准。风险一般分为5个等级：可忽略风险、可允许风险、中度风险、大风险、不容许风险。判断计划的或者现用的职业健康、安

全与环境管理预防措施是否足以把风险控制住，并削减为可允许风险，同时符合法律法规、方针目标和相关要求。可允许风险就是指此风险已经降至可接受的最低水平。风险管理策划、项目经理部的风险管理组负责对本项目运行过程中的特殊活动进行策划、识别，评估其中的主要风险因素，针对不可接受的职业健康、安全与环境因素采取预防措施和削减措施，并在施工技术方案中予以体现，对施工组织设计中没有涉及，也没有施工技术方案控制的一些特别活动或场所，由管理部门人员进行职业健康、安全与环境风险的识别和评价，并编制独立的环境影响及风险评估报告。班组长通过班前活动，对每天的施工活动进行工作危险分析，向班组成员交代将进行工作中可能的危险、采取的预防措施。

第十章　经验交流
Chapter 10　Exchange of Experience

第一节　合同分析及风险防范

一、框架类协议模式下的EPC总包

刚果（布）国家1号公路项目为2006年中非合作论坛期间确定的中刚互利合作项目，也是中非合作论坛第一批重大项目，刚果（布）政府将这条公路作为战略重点。该项目为EPC项目，如何利用EPC项目的设计、采购、施工特点来实现利益最大化，是项目的首要工作。充分发挥设计的龙头作用，化解合同危机，实现预期效益，可见设计团队的工作是决定项目成败的关键因素。在项目实施初期，合同模式出现重大变更，由总价合同变更为单价合同，及时根据商务需要，调整设计思路，成为化解合同风险的首选。线路选择上优化设计方案，以达到控制实际工程量规模，提高产出，增大效益的目的。通过对名都利到布拉柴维尔段北线、中线、南线这三个方案的必选和综合分析，最终确定了北线方案，为后期获得疏港公路项目也做好了铺垫。本着以规划设计带动业务拓展的理念，综合考虑刚果（布）未来发展方向，设计团队做出的线位选择得到了业主的认可，也为进一步开拓刚果（布）市场打下了基础。为了充分发挥EPC项目的龙头作用，设计团队遵循项目的统一安排，从设计角度对工程进行把控，特别是在总价控制方面，设计团队既要保证工程总价不超过合同额，又不能使总价与合同额之间有太多的差额。为了实现总价控制，设计团队在设计过程中采取了一系列技术处理和优化，不断更新工程量清单，以实现对造价的准确把握。根据造价的动态控制，设计及方案的优化，确保工程造价处在一个合理的区间内，为项目的最佳履约奠定了基础。

二、合同风险分析

EPC项目一般投资额大，建设周期相对较长，管理过程复杂，承接海外EPC项目还要面对国外复杂而又陌生的政治、经济和社会环境，以及海外项目经验和资源的欠缺，这些都给企业带了巨大的风险和挑战。怎样识别和规避这些风险，增强企业的风险防范能力，就成为摆在企业管理者和项目管理者面前的课题。

刚果（布）国家1号公路项目为基于两国互利合作框架下的总价包干EPC合同，面临

的合同风险主要为工程量变化带来项目总合同额的变化,如何通过内部优化方式实现总合同额与签约合同额的不断接近同时实现效率的最大化是项目合同风险应对的主要问题。

还有一点需要注意的是,国际EPC合同都采用英语或者当地语言,所以在进行合同谈判前一定要聘请具备法律和工程专业背景的翻译对合同进行全面、细致的翻译,避免因语言的障碍造成合同的误读和漏读。

第二节 法律风险与防范

法律风险包含司法腐败、保护风险、合同条款模糊风险、合同工期延期罚款风险等等。刚果(布)法律法规较为健全,且有正常运行的法院体系、行政救济渠道及律师资源,但外资企业在刚果(布)申请司法仲裁时,也需考虑执法部门办事效率不高、腐败现象等带来的隐性损失。

一、属地化用工风险

项目管理层带头研习刚果(布)的《劳动法》《社保法规》及公共工程、房屋建造等法律法规后,发现刚果(布)法律规制在劳资关系中更倾向于保护劳动者权益。因此,在入场前的项目整体工程策划制定时,充分考虑属地化招工方面存在的各风险项,在各标段项目分部设定专职劳务管理人员,负责管理属地化用工,并将以下风险防范措施的落实作为重点考核项,要求各标段分部加以防范。

(1)劳务合同签约风险

刚果(布)《劳动法》规定,雇用期限2周以上的员工,需要签订劳动合同,劳动合同分为定期合同和不定期合同。定期合同期限为1~3年,如果合同期限为1年以下,必须明确以一项工作的完成时间为限;若不签署合同,当地政府及法院会认定双方已签订不定期合同。

针对合同期限风险,制定以下防控措施,要求各标段分部人员执行:

①要求标段分部在雇佣刚果(布)属地工人时,必须遵照当地规定与劳动者签订劳动合同,避免因未签订合同而被当地有关部门认定为不定期合同,相关事件每发生一次,对每标段分部的年终考核便扣减相应分数,以示惩戒。

②要求标段分部需依据预计的用工时长和劳动者专业素质对签约期限进行划分。对于雇佣期限应控制相应的时间,并注意若有属地员工的用工周期在一年以下,分部在签订劳动合同时需明确以完成一项具体的工作为限制,可根据不同的工作类型设置相

应的工作期限。

③当地法律规定劳务关系在3个月内为实习期，解除合同不需要理由。劳务关系在3~6个月，解除合同需要理由，并且须符合当地相关法律规定。劳务关系在6个月以上，需根据合同规定，方可解除合同。在制作合同文本解除条件时，应咨询当地法律服务人员，通常来说，雇主需在书面警告劳务人员至少3次，并在其签字确认的情况下，才能解聘。

④在招聘员工时须注意应聘人员国籍身份认定，项目实施期，人力资源市场除了刚果（布）本地劳工外，还有大量邻国劳务工人，主要来自中非、刚果（金）等，邻国劳工要求的工资待遇往往低于属地劳工。政府为了解决国内失业问题，明令不允许企业雇佣邻国劳工。项目总部对全段施工人员加以巡查，防范招聘属地化用工不规范而导致大额罚款风险。

（2）属地用工成本的法律控制

根据我国商务部颁发的《对外投资合作国别（地区）指南》，刚果（布）法律规定从事工业或其他劳动的一般工人最低月工资不得低于5.25万中非法郎（约合人民币583元），驾驶员等技术工种的月工资水平在10万中非法郎左右（约合人民币1111元）。除正常工资外，还需缴纳相应社会保障费用。刚果（布）社会安全保障基金标准一般为工资额的24.28%，其中除了工人自己要缴纳的4%以外，其余20.28%由业主缴纳，分为业主社保基金8%、业主家庭补贴基金10.03%和劳保、医疗基金2.25%。

考虑到当地劳动法律法规在劳资关系规制中对属地劳务人员的倾斜保护，项目部要求各标段分部应密切关注，并且刚果（布）属地员工维权意识强烈，如发生劳务纠纷，属地员工通常会采取罢工、仲裁、起诉等方式维权，而在仲裁和诉讼过程中，当地法院会偏向本国人，案件受理过程中往往会倾斜判决并强制执行。

针对此项劳务用工的成本控制风险，项目本部制定了以下防控措施：

①要求标段分部根据自身需求对所属标段的用工成本予以控制。在劳务成本方面，可以依照相关的法律规定节省人力成本，如在同等条件招工时考虑优先招工单身和子女较少的属地人员，根据劳动法规定进行差异化对待降低成本。刚果（布）的法律法规中为促进公民生育意愿，在立法过程中允许对单身、已婚，独子、多子女的劳动人员进行合理的差别对待。如刚果（布）《劳动法》实施细则中按行业规定了相应的最低工资限额和劳保条件；刚果（布）的劳动保障条例规定，企业可针对工人家庭情况进行差别待遇，孩子多的比少的待遇高，已婚比单身的待遇高。

②严格要求各标段分部应主动配合当地执法机关做好社保缴纳工作，根据制度规定将劳动者的个人信息进行分类登记，避免因对属地法律制度的不熟悉而遭到属地人员

的恶意起诉，增加我方成本费用。具体属地雇员招聘要求具备"四证一荐"，即本人身份证明、技术证明、无犯罪证明、健康证明和推荐信。本人身份证明须由当地执法机关出具——解决身份问题；技术证明为由刚方发放的劳动技能证明——解决上岗基础条件适宜问题；无犯罪证明由居住所在地法院出具——解决控制犯罪率的问题；健康证明由当地国家医疗机构出具——解决杜绝传染病源的问题，部分属地雇员手续不完整，与当地国家相关医疗机构不健全有关；推荐信必须由当地政府出具，避免将来因辞退辞工而引起不必要的法律纠纷。

（3）保持与当地工会的密切联系

刚果（布）工会是刚果（布）各行业所有员工的总代表，即使当地雇佣者未参加工会，企业也未成立工会组织，刚果（布）工会均会认为有关行业的员工天然就是其工会成员。要严格遵守刚果（布）关于在雇佣、解聘、社会保障方面的规定，按时足额发放员工工资，交纳退休保险、残疾补贴保险、病假补贴保险、劳动基金和职工福利保障基金等，对员工进行必要的技能培训。

考虑到此项因素，项目本部从控制工薪成本、减少劳资摩擦、维护企业的正常经营的角度出发，签约前即主动与刚果工会保持深入友好联系，为后续履约期间的劳务管理打下坚实的基础。

二、社会治安法律风险

（1）政治局势动荡带来的社会治安风险

刚果（布）的社会治安与当地政治环境情况密切相关。1992年在民主化浪潮推动下刚果首次进行多党总统大选，利苏巴出任第一任民选总统；1997年政治格局变化，发生内战，第二任总统萨苏在安哥拉军队帮助下获得胜利，1999年建立临时政府并设定为期3年的过渡期，2002年萨苏正式以高票当选战后第一任总统，内战结束。

内战结束后治安风险主要包括两项，一是内战结束以后，现任政府推进民族和解进程，基本保持了和平稳定的社会环境，但每在大选之前，社会治安水平会出现明显下滑，抢劫、盗窃案件风险陡增，对企业生产经营和人员、财产安全造成不利影响。二是内战遗留问题，项目施工期仍有反政府武装势力游荡，对在其控制的连接布拉柴维尔和主要港口城市黑角（涉及我方施工路段）之间的交通、运输乃至基础设施建设产生较严重的负面影响。

项目针对上述因政治局势动荡引起的社会治安风险制定了措施予以防范。一方面，密切关注刚果（布）大选，大选期间项目本部及各分部实施宵禁制度，密切排查外来人员，防止因大选引起的社会治安混乱波及项目本部的施工生产。另一方面，对于南部黑角路段存在的反政府武装力量，项目本部与刚果（布）政府历经几轮艰苦的谈判，要求当地政府必须在沿线路段派兵驻扎，严控因反政府武装力量的恶意袭击或侵扰而对我方项目正常施工经营阶段产生的不利影响。

（2）经济下滑导致刚果（布）犯罪率转上升

随着经济持续下行，工人罢工、学生罢课、静坐示威时有发生，偷盗、抢劫等经济犯罪行为日益多发。

对于治安风险问题，项目本部与各分部开会研讨，要求每日施工前各分部现场责任人必须对中方人员进行安全宣贯，建议项目相关人员非必要工作事项不要自行外出，并制定了相关安全宣传手册，提升现场管理人员和劳务工人的安全隐患意识。从项目整体治安状况来看，无一例恶性事件发生，也是基于项目本部在治安理念宣传达成的基础。

三、当地风俗习惯带来的风险

（1）宗教信仰风险

刚果（布）居民一半以上信奉原始宗教，26%信奉天主教，10%信奉基督教，还有3%为伊斯兰教徒。现场施工的属地人员之中也存在大量教徒，容易因宗教原因引发现场工人矛盾。为此项目本部要求现场管理人员尊重当地宗教信仰，在属地人员当天有朝拜、祭祀的要求时，现场管理人员需要进行理解与支持。就本项目整体经营而看，各标段分部做到了支持尊重属地员工宗教信仰，满足了促进中刚两国人员协调合作的基本要求。

（2）注重商务礼仪及对外形象

由于长期受法国殖民统治，刚果（布）人生活习惯受西方影响较深。刚果（布）政府等公务机构人员出席活动时必定西装革履，即使常年30℃的高温，仍十分注重服装和仪态。因此项目本部开会要求，凡重大场合需要对接业主、监理时，项目全员应当注重外在形象，无正装着身者不得进入会场。与此同时，项目本部鼓励总部全员及各分部责任人努力学习法语，提高双方交流沟通水平，给刚果（布）业主留下了较好的印象。

（3）承担必要的社会责任

刚果（布）相关法律和传统文化对企业社会责任看得很重，要求很高。雇员及其家人会把企业当成自己的家，所有的事情都要企业负责。圣诞节或新年来临之际，或遇有重大事件时，刚果（布）经常举行一些社会公益活动。项目本部在考虑这一情形后，鼓励各标段分部积极主动参与其中，不需耗费太多人力财力，仅象征性地表示对这个活动的参与和认可，就会赢得属地职工以及标段附件居民的尊重。

四、中方劳务人员外派合规性风险

海外项目履约模式不同于国内项目，由于部分发展中国家未建成体系化的建筑行业模式，以自营为主，分包为辅，需要管理人员组织大量劳务工人完成项目履约，而绝大多数的项目属地国分包工人履约能力又远不符合项目实际履约需求。鉴于此情况，需要招募技艺熟练的中国工人外派以满足项目的实际履约需求。而自招中国工人外派根据国家法律法规存有一定的合规性风险，需要采取相应措施予以应对。

（1）劳务派遣单位选派模式风险

根据《对外承包工程管理条例》第十二条及第二十三条规定，对外承包项目单位外派劳务应通过具有资质的对外劳务单位进行派遣，并按规定与劳派工人签约。根据现行的法律规定理解，境外公司与对外劳务合作企业之间的合作模式包括以下两种：

模式一：境外企业作为雇主

此模式下，对外劳务合作企业与在境内招募的劳务人员订立书面服务合同；而境外企业作为雇主与劳务人员签订劳动合同。主要特征是，劳务单位的人事关系将全部转移在海外，劳务单位仅是出口服务备案机构，无特殊情形不得随意干预境外业主对于劳务人员的雇佣管理。

模式二：对外劳务合作企业作为雇主

在该种模式下，对外劳务合作企业作为雇主先与劳务人员签订劳动合同，双方建立劳动关系；之后对外劳务合作企业再将员工派遣到境外项目工作。此模式特征是：职工与境外业主之间的关系类似于劳务派遣。对外合作企业是用人单位，境外雇主是用工单位。此时，除非境外派入国法律有特殊规定，一般此类人员的人事和社会保障关系依然停留在国内。

（2）国家商务部在对外承包工程方面的特殊规定

出于对外项目承包角度考虑，中华人民共和国商务部出台了《对外承包工程项下外派劳务管理暂行办法》（简称《暂行办法》），第四条规定对外承包工程项下外派劳务应由总包商（即对外签约单位）自营，或由总包商通过签署分包合同将承包工程中的部分工程连同其项目下外派劳务整体分包给具有对外承包工程经营资格的分包商，并在第六条强调了总包商或分包商须直接与外派劳务人员签订《劳务派遣和雇用合同》，不得委托任何中介机构或个人招收外派劳务。

合规重点注意事项：

1）承包单位以劳务中介机构引进中方外派工人

虽然《暂行办法》禁止承包商通过中介机构或个人名义招收外派劳务，但是在国务院出台的《对外承包工程管理条例》(简称《对外承包条例》)却有了与之不同的规定，《对外承包条例》第十一条许可了承包商可以通过符合资质条件的劳务外派中介机构进行招工。《对外承包条例》属于行政法规，效力优先于《暂行办法》的部门规章。因此，实际过程中，承包商只有通过正式的劳务外派中介机构即可完成相应的外派任务。

2）用人单位义务限制风险

根据《对外承包条例》和《暂行办法》的规定，对外承包工程单位，无论是以自行招揽还是以对外劳务中介机构招揽的外派人员，都应当依法与其招用的外派人员订立劳动合同，按照合同约定向外派人员提供工作条件和支付报酬，履行用人单位义务，并且《暂行办法》中明确规定禁止对外承包工程单位以国内的劳务派遣等形式转嫁用人单位义务。

对于此类规定应有以下解读：

①当对外承包单位是中国的企业或者其他单位时，应根据《对外承包条例》的规定履行用人单位义务。例如，在我方以股份公司名义中标签约境外某承包项目，则按照《劳务合作条例》规定，无论是通过劳务合作单位还是自行招募的劳务单位均应履行对外承包单位义务。实际履约工程中，由于劳务人员需求大且受人事关系和行政管理的限制，如果按照《中华人民共和国劳动法》等国内劳动法律规定要求对外承包工程单位对全部外派人员履行用人单位义务，将增加对外承包单位极高的合规管理风险和履约经济成本。

②《对外承包条例》约束的主体为"中国的企业或者其他单位"。但是在实际境外项目投标实践中，受部分国家法规制度限制，中方企业需以设立境外子公司或者成立联合体的方式获取投标资格。在此情况下，虽然中方企业对境外子公司或其他联合体具有一定约束控制的权利，但这些境外单位是按照属地国家的法律法规成立，主要受境外法律法规限制。因此，在上述情形下这些境外子公司和联合体不属于《对外承包条例》的规制主体，按照《劳务合作条例》规定可以理解为"境外雇主"，在通过劳务合作单位引进外派劳务时，可以要求劳务合作单位履行用人单位义务。

③刚果（布）国家1号公路项目是由中建集团总公司名义中标的项目，过程中不存在以当地设立的境外子公司或者成立联合体形式承接，受《对外承包条例》约束，只能以自身或分包单位外派中方劳务工人，而且必须在合同中注明不得转分包。

（3）外派劳务职工的薪酬社保待遇

1）是否有缴纳社保的必要性

对于派遣出国的劳务人员的社会保险费用的缴纳，《劳务合作条例》并无详细规定，仅在第二十一条中规定劳务合作单位与境外雇主签订的合同中应对劳务人员社会保险费的缴纳进行明确。

但是依据《中华人民共和国社会保险法》第四条的规定，"中华人民共和国境内的用人单位和个人依法缴纳社会保险费"。以及《工伤保险条例》第四十四条规定，"职工被派遣出境工作，依据前往国家或者地区的法律应当参加当地工伤保险的，参加当地工伤保险，其国内工伤保险关系中止；不能参加当地工伤保险的，其国内工伤保险关系不中止"。根据上述法条规定，外派中方劳务人员去海外项目不需缴纳社保需满足两个条件，第一是履行用人单位义务的只能是境外雇主，而不能是任何中国境内单位；第二则是劳务合作单位与境外雇主签订的合同已约定社保在属地国办理，并且按照当地国家地区的法律派遣中方劳务人员可以参加当地的社会保险体系。

2）外派中方工人的薪酬待遇规定

根据《商务部关于切实做好对外承包工程项下外派劳务管理工作的紧急通知》〔商合函（2008）11号〕的规定，对外承包工程企业应当在其与外派劳务人员已签及新签劳动合同中充分考虑汇率因素，并采取固定汇率等有效措施保证外派劳务工资不缩水。需要注意的是，根据《中华人民共和国个人所得税法》的规定，中国居民需要就其全球收入纳税，因此，对外承包工程项下外派人员在境外工作期间取得的收入除了可能需要在项目所在地纳税之外，还需要按照中国税法缴纳个人所得税。对外承包工程企业可以聘请专业人员根据中国和项目所在国的所得税规定为外派人员进行税务筹划，避免双重征税，并降低整体税负。

五、其他风险

（1）土地征拆使用风险

在刚果（布）的自然人或法人，或外国人，根据法律均可购买地产，获得所有权，成为地主。但由于刚果（布）政府近期加快了土地国有化进程，根据1971年和1973年的多项法律，现在刚果（布）所有土地都已经归国家所有，而土地所有权则由政府给予或依据当地法律确定。新的法律并没有废除先前存在的传统土地权利，只是对不清晰的土地所有权以及未来土地权利的赋予进行规定。

因此，项目本部因工程需求在征拆及临建租借当地土地时特别注意防范属地政府土地风险。目前刚果（布）征收程序主要分为行政征收和司法征收两部分。在每次进行大型不动产租赁或交易时，项目本部都会聘请属地律师及相关职业人员做好不动产交易风险尽职调查。

（2）环境法规行政处罚风险

因本项目是基建项目，必不可少地会在建设过程中占用荒地、砍伐树木，但刚果

（布）对于环境保护的制度较为严厉。刚果（布）《森林法》规定，严格禁止放火开辟农业用地的传统做法；《森林法》还规定了林业开发和保护森林的有关措施，比如开发林区必须先行对林业资源做出统计，而后由政府部门的专家根据有关法律给出可以采伐和必须保留的树木。对采伐数量、比例和保护、再种植等的规定都相当严格；刚果（布）《森林法》还规定在国内设立国家生态保护林区。在保护林区内，严格禁止采伐，但允许持有许可证的人员在许可的时间段内少量打猎。刚果（布）《林业法》正处于全面修订阶段，将对林业开采、木材加工、野生动物和自然保护区的价值提升以及造林与再造林等做出明确规定。考虑到刚果（布）政府对林业资源的重视与保护，项目本部制定了以下措施谨防因履约阶段的森林破坏而遭到当地政府行政处罚。

一方面，积极按照属地政府规定寻找优异的环评事务所办理环评许可证。根据"1991年4月23日关于环保的第003/91号法律"，所有的发展项目都要进行环保可行性考察、评估。环评申请需向林业经济、可持续发展和环境部提出，负责环评的机构是由刚果（布）林业经济、可持续发展和环境部认可的环评咨询公司。另一方面，在项目开工前联合各标段分部共同制定了森林植被采伐规划，要求各标段分部必须按照规划的规定进行植被砍伐，若有特殊情况发生需超出原有规划进行采伐，必须事先报批项目本部，由项目本部征求当地林业政府主管部门以及咨询公司的意见，在通过后方可允许标段分部进行超计划采伐。

第三节　市场环境分析及风险防范

一、刚果（布）市场环境综述

刚果（布）工业化程度较低，基础和配套产业薄弱，产业门类分布不全，除农林牧渔、资源采掘及建材领域外，其他产业均处于起步阶段，尚未形成规模经济效益，是联合国公布的世界最不发达国家之一，石油和木材为国家经济两大支柱。

近年来，刚果（布）政府大力发展基础设施建设，在路、桥、电力、市政建设等方面均取得积极进展，2015年刚水电领域产值增速达15.5%，交通电信领域产值增速达13%，在刚果（布）所有产业中增速最快，自2017年以来受经济危机和债务危机的影响，刚果（布）基础设施建设迅速降温，但仍存在较大需求，且资金长期短缺。

从总体来看，在电力、供水、城市交通、铁路等方面缺乏成熟行业规划，在项目关联性、发挥综合效益和可持续发展方面有待加强。在基础设施重要项目融资方面，非洲发展银行、世界银行等国际机构在互联互通项目上通常会提供部分资金。刚境内项目融资多数出自刚果（布）财政预算，近年来受国际油价低迷影响，缺口较大。

二、外汇管理风险防范

刚果（布）法定货币为中非金融共同体法郎，简称"中非法郎"（CFA）。中非法郎与欧元挂钩，实行固定汇率制。中非法郎不能与人民币直接兑换，中国农业银行与刚方合资的中刚非洲银行可执行结算业务。

本项目由于建设周期长，项目采取以下防范措施，规避中非法郎汇率波动风险：

1. 投标报价阶段：充分考虑汇率变动对报价的影响，在报价中预留一部分费用以弥补汇率风险可能造成的损失。

2. 签订合同阶段：尽量争取以可自由兑换外币作为合同币种，不能以自由兑换外币为合同币种的，力争在合同里添加货币保值条款，便于汇率发生变化时收付的合同货币金额的及时调整。本项目合同中约定中非法郎兑美元汇率固定为450∶1，并且业主支付的30%工程款以美元结算。

3. 工程实施过程中：对分供商的合同和结算，尽量以中非法郎作为结算币种，与第三方共担风险，减少汇率波动带来的成本波动。过程中不用自由外汇或人民币换入大量非自由当地币存放；此外无论合同计价和结算使用何种货币，在人民币预期升值的背景下，提前收款，能有效降低汇率波动带来的风险。

此外项目在认真研究、评估及履行内部审批手续的前提下，可通过银行开展远期结售汇和锁定汇率方式来规避汇率风险。

三、当地份额要求及应对

刚果（布）对外资持积极支持态度，在投资领域、方式和股比方面均不设限，并对内外资企业考量相当。政府鼓励外商投资的领域主要有农业、林业、石油、旅游业及现代制造业。刚果（布）《投资法》中未列明禁止行业清单，但对于进口和制造武器、处理有害垃圾等行业不适用优惠投资政策。此外，中资企业来刚果（布）投资应尽量避开刚果（布）反对党影响力较大及偏远地区。

投资方式规定外国"自然人"及企业在刚开展投资合作与当地居民享受相同待遇。刚对外资股比没有限制，外企可通过现汇、设备、技术等多种形式出资，采取合资、独资、并购等多种投资方式，成立代表处、分公司或子公司。从刚果（布）政府意愿看，其更希望合资经营，以便在引进资本和技术的同时也能引进生产和管理技术。

刚果（布）设有经济特区部，统筹推动经济特区事务，将依托资源禀赋和区位优势在全国范围内建立4个经济特区。刚果（布）第一部经济特区法已经通过议会审议，于2017年6月正式颁布，经济特区的土地登记、划界工作也已完成，特区占地36平方公里，将涵盖石油化工、冶金、食品加工、建材等多个行业。

刚果（布）认可外资以二手设备等实物形式入股。刚果（布）对外资并购、反垄断、经营者集中等方面无特殊规定，并且刚果（布）的石油、矿产等优质资产多在西方国家手中，中国企业对其资产开展并购多通过资产的上级母公司进行，国际会计师事务所和投资银行均可提供并购业务咨询和支持。根据2003年新《投资法》，由刚果（布）全国投资委员会负责投资项目的审批和监管。

工程建设方面，刚果（布）没有明确的法律规定什么样的企业能参加什么样的项目招标，一般需要企业有已经完成过的工程样板介绍和有关行业协会的推荐，特别是国际专业协会的推荐。如果是外国政府融资项目，则需要该国有关部门或行业协会的专门推荐。已经成功参加过刚果政府项目，且圆满完成施工任务的企业，被列入具有良好信誉的企业名录，在以后的招投标程序中会得到加分。刚果（布）承揽工程承包项目的主体多为企业法人，对外国自然人能否承揽工程无明确限制。

四、税收政策的不确定及应对

刚果（布）为前法殖民地，独立后制定了与法国非常相似的税收制度和政策，税法基本沿袭法国税法，与中资企业习惯的中国征税程序、征管流程有很大差别，容易造成征管过程中的税务纠纷或争议。税务部门在征收过程中，征税时间不确定，采取上门征收的方式；有时候税务部门不按法律规定和企业实际账目计算税额，而是自行估计，刻意高估收益和重复计算征收。为防范这类税务风险，项目应建立必要的税务风险控制制度，做好税务风险评价；做到本土化经营，与当地政府保持良好沟通，遇到税务纠纷积极寻求当地政府支持或中国使馆协助；与当地工会、居民形成良好关系，尊重当地风俗习惯，承担的必要社会责任，做好与媒体的公关，减少税收纠纷。

五、当地工程建设市场的激烈竞争

中国的"一带一路"倡议对接了非洲国家工业化战略，给非洲国家带来了前所未有的发展机遇。2015年12月，习近平主席在中非合作论坛提出未来三年中非十大合作计划，并提供600亿美元的资金支持，无疑为中非经济合作注入新动力。中国将非洲作为国际产能合作战略中的重要发展对象，积极拓宽中非产能合作领域、扩大合作规模、提高合作的水平。这些国家战略的提出与实施进一步深化"走出去"的战略布局。

近年来，随着经济结构转型升级，中国政府和企业必须开拓国际市场。根据中华人民共和国商务部的数据，目前在刚果（布）的中资工程企业有中建集团、中国路桥、中国水电、北京住总等近20家，涉及房建工程、路桥工程及水电工程领域，市场竞争激烈。中资企业在当地承包项目领域不断拓宽，但仍然相对集中，主要分布在房屋建筑工程、交通运输工程、水电工程建设领域。

除了中资企业外，基于刚果（布）前法国前殖民地背景，法国也是刚第一大援助国和投资国、第二大进口来源地和第四大出口目的地国。法国在当地也有多家工程承包企业。刚果（布）政府对外资以BOT和PPP模式参与合作持欢迎态度，并表态要大力采用PPP模式实施基建项目。目前在刚果（布）开展此类合作的企业主要就来自法国，如2014年法国耐高公司与刚果（布）政府以公私合营方式开发布拉柴维尔港，法国公司获得了布拉柴维尔港为期15年的装卸和驳运特许经营权。黑角自治港和大洋铁路同样采用了公私合营模式，均由法国公司获得项目特许经营权。

六、工作许可审批困难与应对

刚果（布）劳动和社会保障部、移民局和警察局是负责工作许可的主管部门。劳动和社会保障部审查劳动合同是否合法有效；移民局确定移民性质；警察局办理长期签证手续。

刚果（布）不限制外国人在本国就业。所有在刚果（布）就业的外国人享受和刚果国内从业人员同等的工资、福利待遇。对工程技术人员工作许可没有什么限制，但对一般工作人员管理严格，私人企业的员工办理工作证还需由雇主提供回国机票担保。对于刚果（布）政府部门邀请参加招标项目，大工委的中刚一揽子协议项目，在办理工作许可时需大工委提供相关证明函。

但是在实际申请办理过程中，刚果（布）政府办事拖沓，办理签证经常耗时达半年之久，且只发放1年期劳务签证。所以项目在施工过程中，一般普通劳务人员、机械操作手、司机基本以当地人员为主。中国管理人员和技术人员，在出国前需要考虑足够的时间办理相关手续。项目一般会指定专门的外协人员，定期与当地政府人员沟通，跟进办理进度。具体办理材料除大工委的证明函外，还需提供护照、照片、签证申请表、劳动部登记表和移民局会签。

第四篇

合作共赢与展望

本篇对刚果(布)的工程承包市场前景进行了背景分析和展望。

This part provides a background analysis and outlook on the engineering contracting market prospects of Congo-Brazzaville.

Part IV

Win-win Cooperation and Prospect

一、领导访谈

2008年8月4—5日,刚果(布)公共工程部部长齐巴和大工委主席布亚带领大批媒体记者深入沿线考察,对项目进度给予了极高的评价,当地媒体再次撰文称"梦正在实现"。

2008年8月28—29日,刚果(布)总理穆安巴在公共工程部部长齐巴的陪同下,专程从首都赶赴黑角,分两天深入项目全线考察。穆安巴总理进入项目所在地马永贝原始森林区,接受媒体的联合采访,他盛赞项目进展神速、工程质量可靠,并在临上飞机前,向送别人员表达"他代表刚果(布)人民向中建人的辛勤劳动表示感谢"。

"中方会更好地通过合作帮助刚果(布)和其他非洲国家,促进双方共同利益,实现共同发展,共建人类命运共同体。"中国驻刚果(布)大使马福林2018年接受新华社记者专访时表示。

马福林指出,中国与刚果(布)的合作之所以能取得长足发展,首先得益于政治互信。中刚两国自建交以来一直保持密切的高层交往,2016年两国领导人共同决定将双边关系提升为全面战略合作伙伴关系。此外,刚果(布)长期积极探索适合本国国情的发展道路,对中国的发展道路有高度认同,这都使得两国在各领域合作不断深化。

刚果(布)总统德尼·萨苏-恩格索2018年接受人民网记者采访时表示,中非合作论坛北京峰会的主题选得恰如其分,时机也很好。"我们将研究一切能够让中国人民和非洲人民共同迈向进步的可能性。我想现在是讨论这些重要问题的时刻了。"

萨苏表示,非洲国家支持"一带一路"倡议,因为"一带一路"与非盟《2063年议程》、联合国可持续发展目标十分和谐地融合在一起,包括贯穿非洲的基础设施、铁路、公路、电信、其他发展项目等。"'一带一路'对全世界来说非常重要,通过'一带一路',非洲能够更好地融入全球经济。非洲将对世界更加重要。"他说,"'一带一路'倡议位于中非共同前行的大方向之上,是中非命运共同体的体现。我们期待下一步如何更好地发展中非命运共同体。"

"现在我们的合作非常积极,有很多丰硕的成果。"萨苏总统说,"在过去54年里,我们在所有的合作领域取得了非常多的胜利。"他举例说,刚果(布)与中国一起兴建了中刚非洲银行,双方各占50%的股份。这是双方金融领域非常重要的合作。他希望未来刚果(布)能与中国加强在电信基础设施、工业化、农业现代化、新技术、人才培训等领域的合作。

关于1号公路,刚果(布)总统萨苏表示,自从刚果(布)独立以来,历届领导人都希望能够修建这条公路。"当我们真正提出建设黑角—布拉柴维尔公路时,刚果

（布）群众是欢欣鼓舞的。这是历史性的功绩。"萨苏盛赞中国建设者"圆了刚果（布）几代人的梦想""中国是真心实意帮助我们发展经济"。

刚果（布）刚果劳动党总书记皮埃尔·穆萨说：由中企历时8年完成的刚果（布）国家1号公路，将黑角至布拉柴维尔的车程从7天缩短至8小时，带动了沿线地区经济发展，显著改善当地民众生活，被刚方誉为"通往未来之路"。穆萨说："中方的援助从不附加任何政治条件，真正帮助我们实现很多从无到有的飞跃。刚中合作为我们实现发展梦想提供了宝贵的技术、资金和理念。"

"这条公路孕育出了新的希望，是未来之路，刚中战略合作圆了刚果（布）人民的梦想。"刚果（布）领土整治、装备和大型工程部部长让-雅克·布亚表示：修建这条现代化公路是该国历史性壮举，为国家未来留下了财富。"黑角—布拉柴维尔公路的建成应当载入史册。这段历史如同史诗一般，章节众多，充满活力。"这条公路为刚果（布）经济发展开启了新时代。"道路使用者能够节约时间，交通运输安全性提高，交通成本降低，运输费用下降，这都是我们能切身感受到的。中国朋友帮我们走上发展之路。这条道路的经济社会影响正在显现。"他表示，有了这条公路，当地市场的产品也会大大丰富起来，物价会渐渐降低到百姓都能接受的水平。这条公路为当地中小企业带来了无限的商机，是区域兴旺发展的基石。"说实话，最开始很多人不相信这条公路能够建成。"布亚表示，中国建设者让他们看到，人的决心可以改变一切，"这条公路的施工永远不会被人忘记"。

国际货币基金组织代表卡罗尔·贝克认为，这条公路将极大地促进当地经济发展，推动商品的流通，对减少当地贫困起到非常大的作用。

该项目的法国EGIS公司总经理米歇尔·埃尔韦表示，中国建筑的施工非常令人满意，刚果（布）人民可以在舒适和安全的交通环境中前往黑角或布拉柴维尔，这是之前从来没有过的。

二、当地社会反馈

萨苏更是将中国建设者们称为"劈山的人"。刚果（布）电视台的报道说，这一史无前例的巨大工程，穿越了高山、河流和峡谷，让人民对美好明天充满了信心。

"这条公路为我们打通了通往大西洋的出海口，带来了巨大经济和社会利益，是彩虹般的'梦想之路'。"马永贝原始森林深处的多利吉市木屋地镇居民麦隆说。

在黑角，1号公路的起点处本是荒无人烟的地方。然而，1号公路修通后，这里成为一片极为繁荣的市场。成百上千的小商铺，沿着道路两侧展开，绵延好几千米。衣服、箱包、食品等各种各样的商品琳琅满目。

1号公路为当地解决了就业，很多当地员工和中国人一起成就了"梦想之路"，罗赞就是其中之一，他在1号公路上工作了10年，工程竣工后，他在1号公路附近安家置业，养活着一家四口，谈到1号公路给当地带来的改变，罗赞说："很高兴能在1号公路工作，以前从黑角到布拉柴维尔需要一两周，而且下雨的时候路上有很多坑，很多积水，车辆根本无法行驶，现在从黑角到布拉柴维尔一天就可以来回，1号公路是中国公司带给我们的礼物，祝中国越来越好。"

"在高峰时，密歇密歇村除了老人和孩子，全在1号公路的工地上工作。"47岁的菲利普说。他是这个普尔省小村子的村长。全村共有385人。当1号公路延伸至此，整个村子发生了翻天覆地的变化。以前，村民们只有务农一项选择，而且农产品很难销售出去；现在，村民们可以做司机、修理工和杂工，收入有了很大提高。当职业有了更多选择，生活就有了更多可能。"工作使人美丽。"菲利普说，1号公路为密歇密歇村民提供的就业机会是极其宝贵的。虽然工程工期是有限的，但是对人们思想的改变是长远的。如果有机会，他想让孩子去中国留学，增长本领。

三、中刚未来展望

刚果（布）政局稳定，政府政策延续性较强。2009年，萨苏总统首次连任后提出旨在改善民生、促进经济社会发展的"未来之路"理念，随后提出的经济多样化政策、《2012—2016年五年发展规划》以及2025年前刚果（布）迈入新兴国家行列的目标，均是对"未来之路"理念的贯彻和细化。2016年4月，萨苏再次连任总统，在新的任期内，他表示将在工业化和现代化的道路上与中方加强合作，共同发展。

营商环境显著改善、积极主动对外开放。近年来，刚果（布）政府不断增加公共投资，道路、机场、供水、供电等基础设施状况大为改观，外资吸引力进一步提高。同时，刚果（布）政府为促进经济多元化，鼓励外来投资，于2015年底发布经济特区招商引资优惠政策，给予开发及人员企业土地、税收、关税等方面超国民待遇。

中刚两国在经济上互补，双方有着共同的强烈发展愿景与需要。据中国商务部统计，2019年中国与刚果（布）双边贸易额64.9亿美元。刚果（布）总统萨苏表示愿抓住所有机会与中方共谋发展，积极共建"一带一路"，落实好中非合作论坛北京峰会成果，推动刚中、非中合作取得更多成果。刚果（布）是中非产能合作先行先试示范国家之一，重点项目是建设黑角经济特区。基础设施建设是中非经贸合作的重点领域之一，中国加强了对包括刚果（布）在内的非洲国家的基础设施建设援助，包括提供了大量优惠性质贷款、竞标承建工程项目等，未来会有更多的中国元素融入刚果（布）人民的生活中。刚果（布）由于受到技术力量薄弱的限制，更加青睐于承包商带资承包，以解决融资问题，政府的主导作用体现在提供必要的政策配套措施和制度保障。承包商要通过良好的融资方案设计，积极拓宽融资渠道，结合不同金融产品的优势，降低融资成本和负债，做好风险管控，争取以最小的投入获得最大的收益。

政治战略互信不断增强，双方元首交往密切，双边关系快速发展。自1964年2月22日中国与刚果（布）建交以来，两国一直保持密切的高层交往。刚果（布）长期积极探索适合本国国情的发展道路，对中国的发展道路有高度认同，这都使得两国在各领域合作不断深化。2006年6月两国签署一揽子合作协议后，中国人大规模投资刚果（布）经济领域的脚步进一步加强，开展了许多由中资企业承包的主要涉及基础设施建设的重大工程项目，对于中资工程建设企业而言，基础设施建设事业的工程承包领域将有不少合作机会。

刚果（布）是中非产能合作先行先试示范国家之一，中刚近年来通过密切合作实施了中刚友好医院、国家1号公路、体育中心、沿河大道斜拉桥等诸多项目，其中既有政府间合作，也有中方提供贷款和刚方融资等合作形式。此外两国还在金融领域深化合作，我国首次与刚方通过合资组建的中刚非洲银行被当地人亲切地称为"刚果人自己的商业银行"。

在承包工程领域，中资企业异常活跃。萨苏总统已连续执政多年，先后提出了促进经济发展的"未来之路"计划、摆脱石油依赖的经济多样性计划、经济特区建设计划以及2025年长远规划，这些政策主要目的是促进经济发展，改善民生。在未来一段时期内，为维护社会稳定，改善民生，吸引外资，发展经济，贯彻萨苏总统的"未来之路"理念，刚果（布）必将继续在基础设施领域投入大量资金，其承包工程市场将会保持增长态势。为推动加速城市化，刚果（布）政府制定了建造众多经济、行政和社会基础设施的公共投资计划。

中刚合作前景广阔。中刚两国在经济上互补，双方有着强烈的共同发展愿景和需要。良好的双边关系和刚果（布）较为稳定的政局为两国合作打下了坚实基础。目前刚果（布）政府正在制定下一个5年发展规划，为摆脱财政收入过于依赖石油产业的现状，规划中将明确提出进一步落实经济多元化战略，推动农业、矿产、工业、数字经济、旅游等领域发展，这将为中方企业投资提供有力的政策支持。刚在经济基础设施方面还存在大量短板，在绿色经济、数字经济方面存在广阔的投资潜力，这些都为中国企业来刚投资开展合作提供了良好的机遇，相信中刚未来的经贸合作之路会越走越宽。

刚果（布）政府将继续致力于实施经济多元化战略，通过改善基础设施，推动农业、矿产、工业、通信信息、绿色经济和旅游等领域发展，并大力推进经济特区建设。这与我国际产能合作、装备制造业"走出去"战略、中非十大合作计划及中非合作论坛北京峰会"八大行动"计划等高度契合，双边经贸合作前景广阔，相信在两国政府指导和企业积极推动下，中刚经贸合作将不断迈上新的台阶。

参考文献

[1] 对外投资合作国别（地区）指南——刚果共和国[R]. 北京：中华人民共和国商务部，2021.

[2] French Roads and High-speed Roads Research Board. Highway Design and technical guidelines(ARP) [M]. Paris, 1994.

[3] 中华人民共和国商务部. 2019年度中国对外直接投资统计公报[M]. 北京：中国商务出版社，2020.

[4] 中国建筑股份有限公司. 施工图设计[Z]. 2011.

[5] 樊涛. 探索优化刚果（布）员工属地化管理[J]. 国际工程与劳务，2014，12：35-36.

[6] 罗桂军. 刚果（布）原始生态环境下的公路绿色施工技术[J]. 建筑施工，2015，11：100-102.

[7] 高福生. 非洲EPC工程项目的采购管理[J]. 工程建设与设计，2017，01：190-192.

[8] 李立. 非洲公路项目管理体制及特点[J]. 中外公路，2015，02：259-261.

[9] 陈智俊. 非洲公路项目建设管理体制研究[J]. 铁道工程学报，2009，05：96-99.

[10] 董伟. 1号公路的故事[N]. 中国青年报，2016-08-01（7）.

[11] 中国建筑股份有限公司刚果（布）分公司. 中西非地区融资+EPC工程总承包项目管理[J]. 工程经济，2013，04：10-14.

[12] 王志军. 法国公路路线设计规范与中国规范的比较[J]. 中外公路，2014，02：9-11.

[13] 李志伟. 中国朋友帮我们走上发展之路[N]. 人民日报，2018-01-08（3）.

[14] 刘钊. 刚果（布）1号公路测绘数据综合管理技术探讨[J]. 测绘科学，2014，39（11）：126-128+132.

[15] 徐金龙. 刚果（布）1号公路砂性土路基治理与防护[J]. 交通科技，2011，03：95-98.

[16] 袁开新. 海外公路工程项目施工安全管理研究[J]. 山西建筑，2019，11：183-184.

[17] 崔军. 当前中国企业国际工程总承包项目面临的主要问题及其对策[J]. 项目管理技术，2011，12：72-76.

[18] 高福生. 非洲EPC工程项目的采购管理[J]. 工程建设与设计，2017，01：186-188.

[19] 王利军. 非洲地区公路沥青路面技术研究规划[J]. 交通企业管理，2015，11：54-56.

[20] 李尽旺. 非洲法属地区道路设计特点及法规应用[J]. 建筑工程技术与设计，2018（18）：2693.

[21] 吕润华. 非洲刚果（布）1号公路噪声影响预测与控制[J]. 交通科技，2013，05：130-133.

[22] 邓小泉. 非洲公路工程施工管理中存在的问题及优化措施[J]. 工程建设与设计，2019（3）：271-273+276.

[23] 李立. 非洲公路项目管理体制及特点[J]. 交通工程与管理，2010，30（2）：252-254.

[24] 陈智俊. 非洲公路项目建设管理体制研究[J]. 铁道工程学报，2009（5）：94-97.

[25] 辛海京. 非洲巨流的故事——记录中部非洲的刚果河[J]. 世界博览，2006（3）：30-33.

[26] 李佐. 刚果（布）1号公路砂性土边坡稳定可靠度分析[J]. 铁道勘测与设计，2011（2）：35-37.

[27] 高福生. 刚果（布）Loukouni拱桥的建设实践及BIM应用思考[J]. 公路交通科技（应用技术版），2017，13（5）：181-183.

[28] 郭航飞. 刚果（布）OLF公路项目劳工属地化管理综述[J]. 云南水力发电，2019，35（5）：167-169.

[29] 赵忆宁. 刚果（布）布恩扎省省长塞莱斯坦·通贝·康德：刚果（布）推动城市化建设的创新[N]. 21世纪经济报道，2017-07-28（7）.

[30] 冯会会. 刚果（布）承包市场概况及注意事项[J]. 国际工程与劳务, 2013（13）: 16-17.
[31] 彭纳. 刚果（布）国家1号公路 飞越天堑的梦想之路[J]. 一带一路报道, 2018（6）: 32-34.
[32] 陈智俊. 刚果（布）国家1号公路边坡防护设计[J]. 铁道工程学报, 2010, 27（03）: 37-41.
[33] 李立. 刚果（布）国家1号公路设计简介[J]. 中外公路, 2010, 30（2）: 13-17.
[34] 刘春雷. 刚果（布）国家1号公路整治工程APS报告研究[J]. 交通科技, 2015（06）: 102-105.
[35] 赵忆宁. 刚果（布）建设部部长克洛德·阿方斯·恩西卢: 刚果（布）就像展示中国基建公司作品的展览馆[N]. 21世纪经济报道, 2017-07-28（6）.
[36] 李振收. 刚果（布）人力资源的本土化对策[J]. 施工企业管理, 2017（5）: 117-118.
[37] 赵忆宁. 刚果（布）如何从水泥进口国变为水泥出口国[N]. 21世纪经济报道, 2017-08-01（3）.
[38] 刘帅锋. 刚果（布）投资环境与投资领域分析[J]. 中国投资, 2013（S1）: 13
[39] 罗桂军. 刚果（布）原始生态环境下的公路绿色施工技术[J]. 建筑施工, 2015, 37（11）: 1334-1336.
[40] 李如满. 刚果（布）主要矿产及地质特征[J]. 矿产与地质, 2009, 23（06）: 578-583.
[41] 胡利. 刚果共和国砂性土路基雨季施工问题与处理[J]. 路基工程, 2010（05）: 189-191.
[42] 黄黎辉. 刚果共和国水陆联运规划[J]. 中国港湾建设, 2018, 38（05）: 74-78.
[43] 樊涛. 探索优化刚果（布）员工属地化管理[J]. 国际工程与劳务, 2014（12）: 29.
[44] 樊涛. 刚果属地员工的浓情化管理[J]. 施工企业管理, 2016（05）: 82-83.
[45] 施洪刚. 高性能混凝土技术在刚果（布）1号公路Ⅱ期工程的应用研究[J]. 商品混凝土, 2013（4）: 62-64.
[46] 马福林. 构建更加紧密的中刚果（布）命运共同体[N]. 国际商报, 2021-09-30（A14）.
[47] 杨帆. 国际EPC项目风险因素研究——以刚果（布）国家1号公路为例[J]. 建筑经济, 2013（01）: 58-61.
[48] 中国建筑股份有限公司刚果（布）分公司. 中西非地区融资+EPC工程总承包项目管理——中国建筑股份有限公司刚果（布）分公司国家1号公路项目[J]. 工程经济, 2013（4）: 8-12.
[49] 王尚. 中国建筑获刚果（布）1号公路项目合同金额21.44亿美元[N]. 中国建筑报, 2010-05-01（3）.
[50] 孔庆璐. 中国建筑工程机械出口非洲数据[J]. 建筑机械, 2011（4）: 54-59.
[51] 田晓. 中国工程企业承包国际工程存在的困难及对策分析[J]. 改革与战略, 2012, 28（8）: 45-49.
[52] 李学锋. 中国对外工程承包行业存在的主要问题和对策研究[J]. 沈阳建筑大学学报, 2015, 17（4）: 389-394.
[53] 熊排良. 中国参与非洲公路建设的现状与前景[J]. 工程技术研究, 2019, 4（21）: 251-252.
[54] 安然. 中非合作堪称典范——访刚果（布）国土整治部及大型公共工程委员会部长Jean Jacques Bouya[J]. 国际工程与劳务, 2013（8）: 33-35.
[55] 张永蓬. 中部非洲国家经济发展探析[J]. 西亚非洲, 2010（10）: 58-62.
[56] 李睿. 在马永贝, 我们就是中国——中国建筑刚果（布）1号公路建设纪实[J]. 建筑, 2011（16）: 31-34+4.

[57]刘única海.新形势下中非投资合作的重点国家选择分析[J].海外投资与出口信贷,2018(04):16-20.

[58]韩字熠.我国对外承包与非洲交通基础设施建设的现状及特点[J].亚非纵横,2014(04):73-88+128+132-133.

[59]江泮珠.我国对外工程承包公司应对国际竞争的对策[J].中国科技信息,2005(3):60.

[60]聂湘.援外项目(书)开发经验点点谈[J].中国对外贸易,2010(02):80-83.

[61]张潇如.其水在非以公路桥为鉴——有劫力中国建筑国际工程公司对外经营管理者启齐[J].中国投资,2019(2):80-83.

[62]陈字超.十八大以来中非基础设施建设合作成就[J].中国投资,2017(22):82-83.

[63]武江涛.刘剑雷(书)1号公路附件土力特殊地基加固技术研究[D].武汉:武汉理工大学,2016.

[64]叶万和.如何做国际工程项目的"特色分科"——非洲某大型EPC项目案例的经验分析[J].国际经济合作,2009(5):64-67.

[65]赵明.海外街道房建设计(书)公路隧道设计[J].交通科技,2010(5):59-63.

[66]刘宏志.浅谈中非洲国家建设工程成本管理[J].安徽建筑,2013,20(1):202-203.

[67]李岛山.浅谈工程建设项目管理模式的探讨[J].河南建材,2019(3):128.

[68]刘锋.浅谈非洲海外工程项目建筑资源组织和管理[J].湖南交通科技,2011,37(03):145-147.

[69]韩疆.落的在非洲大陆的中国道路——中国建筑(书)1号公路建设纪实[N].中国建设报,2011-06-01(3).

[70]欧阳刚.浅谈刘剑(书)OBO公路项目签名管理[J].云南社会经理,2011,24(04):127-128.

[71]王梅.海外工程项目人力资源本土化研究——以阿尔及利亚项目为例[J].石油人力资源,2018(04):32-34.

[72]王之锋.刘剑雷(书)1号公路第二期工程设计与关键技术研究[C]//第十二届全国现代结构工程学术研讨会二届国家结构研究大会论文集.北京,2012.

[73]王之锋.柳一港道路深基坑及其刘剑雷(书)国家1号公路第二期工程中的应用研究[C]//中国钢结构协会结构稳定与疲劳分会第13届(ISSF-2012)等术交流会暨钢结构稳定与疲劳分会论文集.武汉,2012.

[74]张伟.中国大型建筑企业海外项目开发案例研究——以中建事非国为例[D].北京:对外经济贸易大学,2016.

[75]武江涛.刘剑雷(书)1号公路附件土力特殊地基加固技术研究[D].武汉:武汉理工大学,2016.

图书在版编目（CIP）数据

天堑变通途 铸就筑梦路：刚果（布）国家 1 号公路 = The Natural Barrier Makes the Dream Road:Route Nationale 1（Congo-Brazzaville）/ 舒小平主编. —北京：中国建筑工业出版社，2023.8
（"一带一路"上的中国建造丛书）
ISBN 978-7-112-28924-0

Ⅰ.①天… Ⅱ.①舒… Ⅲ.①道路工程－对外承包－国际承包工程－工程建设－中国 Ⅳ.①U415.1

中国国家版本馆 CIP 数据核字（2023）第 130763 号

丛书策划：咸大庆 朱晓件 李 明 李 罾
责任编辑：李天虹 李 罾 李 田
责任校对：张 颖
校对整理：赵 菲

"一带一路"上的中国建造丛书

天堑变通途 铸就筑梦路——刚果（布）国家 1 号公路
China-built Projects along the Belt and Road
The Natural Barrier Makes the Dream Road:
Route Nationale 1（Congo-Brazzaville）

舒小平 主编

*

中国建筑工业出版社 发行（北京海淀三里河路 9 号）
各地新华书店、建筑书店经销
北京海锦晟文化传媒有限公司制版
唐山鼎点印刷有限公司印刷

*

开本：787 毫米 × 1092 毫米 1/16 印张：9 字数：173 千字
2023 年 9 月第一版 2023 年 9 月第一次印刷
定价：**68.00** 元
ISBN 978-7-112-28924-0
（41081）

版权所有 翻印必究
如有印装质量问题，可寄本社图书出版中心退换
电话：（010）58337283 QQ：2885381756
（邮政编码：北京海淀三里河路 9 号中国建筑工业出版社 604 室 邮政编码 100037）